# 人間関係を
# リセットして
# 自由になる心理学

メンタリスト
DaiGo

JN229286

詩想社
— 新書 —

この本は、自分で自分の人生を選びたい人のための本です。

**与えられた人間関係にうまく対応したり、人に選ばれるのを待ったりするのではなく、自分で誰とつき合うべきかを選ぶ。そして、幸福な人間関係を築く。**その方法を身につけるために、努力しよう。そう決意した人のための本なのです。

与えられた人間関係に消極的に対応するのではなく、理想の人間関係を自分で選びたいという人だけが、この先を読み進んでいただきたいのです。

とはいえ、私の本を読んだことがある方ならおわかりと思いますが、読者のみなさんにがむしゃらな努力を求めようというのではありません。

科学的な根拠のある、合理的で無理のないメソッドによって、確実に自分を変え、人間関係を変えていく道筋を説明していますから、ご安心ください。

まず、第1章では、めんどうな人、やっかいな人に振り回される人、振り回されない人の本質的な違いについて説明します。ここで、本書のテーマである「自分で人間関係を選べるようになること」の重要性を理解してもらいます。

第2章では、少し角度を変えて、人間関係を改善することの想像以上のメリットを紹介します。人間関係を変えるモチベーションを高められるはずです。

第3章からは、いよいよ「いかにして人間関係を変えるか」を説明していきます。まずこの章では、土台となるメンタルのつくり方を紹介します。

第4章。具体的に、人間関係を広げていく方法を説明します。「自分は内向的だから友達ができない」「コミュ力が低いから人づき合いが苦手」といったありがちな思い込みも、ここで粉砕しましょう。

第5章では、やっかいな人間関係をうまく「処分」する方法を紹介します。「対処」するのではありません。カットして「処分」するのです。

最後の第6章では、目指すべき理想の人間関係――「あなたを幸せにする30人」について説明します。ゴールのイメージを描くことで、本書で学んだノウハウをどのように活用していくべきかがより明確になるはずです。

また、実践のための助けとして、人間関係を変えるための8週間のワークも巻末に紹介してあります。ぜひ活用してください。

では、もう一度だけ念をおしておきましょう。

「与えられた人間関係にうまく対処する」のではなく、「理想的な人間関係を自分で選ぶ」という決意はできましたか?

できた人から、ページをめくってください。

メンタリスト　DaiGo

目次



第1章

## なぜ、あの人に振り回されてしまうのか

## 第2章 誰とつき合うかで、人生はここまで変わる

第3章

# 人間関係から自由になるメンタルづくり

# 第4章 あなたのための本当の人間関係のつくり方

## 第5章 やっかいな人間関係をうまく処分する方法

## 第6章 あなたを幸せにする30人の友人

特別付録

# 人間関係を選び、幸福に生きるための8週間ワーク

第1章

# なぜ、あの人に振り回されてしまうのか

## 「振り回される人」「振り回されない人」の決定的な違い

なぜか気づくと、やっかいな人、苦手な人といつも関わることになってしまい、誰かの言動に常に左右されるような生活に苦労している人がいるものです。

そのような人は、相手が苦手な人、イヤな人だとわかっているのに、いつも適当な距離を取ることができず、コントロールされるような人間関係を構築してしまいます。

しかしその逆に、「人間関係に振り回されない人」もいます。人間関係で振り回されない人とは、「人間関係を自分で選べる人」です。

人間関係を自分で選べないから、めんどうな人、やっかいな人、イヤな人、さらには邪悪な人ともつき合わざるを得なくなります。結果、そういう人たちに振り回されることも起きてきます。

さらに、振り回されることへの対処に毎日エネルギーを使ってしまうので、本当につき合いたい人、つながるべき人と人間関係をつくるチャンスも失っていくのです。

こういう人生は言うまでもなくストレスが溜まりますし、楽しくないでしょう。はっきり言えば不幸な生き方です。

こうした状況を脱却しようとして、自分を振り回す相手（めんどうな人、やっかいな人……など）への対処法を学べばいい、と思う人は多いでしょう。

だからこそ、書店には「苦手な人への対処法」「やっかいな人をうまくかわす人間関係の技術」「人間関係がラクになる本」といったノウハウ本がたくさん置かれているわけです。

しかし、そうやってイヤな人間関係への対処を学ぶことに、はたして意味はあるのでしょうか。

# 必要のないことをうまくできても意味がない

ウォーレン・バフェットは、85億ドル（約9兆円）とも言われる総資産を持つ世界一の投資家です。

莫大な資産を運用しながら、バフェットは決して世界中をプライベートジェットで飛び回るような多忙な生活をしているわけではありません。田舎の小さな家に住み、毎日ほとんどの時間を読書と思考に費やすというライフスタイルです。パソコンはブリッジのゲームにしか使わず、メールのやりとりすらしない、という伝説もあります。

ウォーレン・バフェットが、世界一の投資家でありながら、マイペースなライフスタイルを守れるのはなぜでしょうか。

その答えとなる、彼自身の言葉があります。

「やる必要のない仕事は上手にやったところで意味がない」

来る日も来る日も山ほどのタスクをこなし、読書どころか寝る時間さえなさそうなビジネスマンは、一見すると有能そうに見えます。しかし、こなしているタスクが実は必要のない仕事だとしたら、それは「忙しがっているだけ」でしょう。こういう人は、どこの職場にも必ずいると思います。

これに対して、バフェットは本当に必要な仕事しかやりません。すなわち、投資対象を熟考し、決断することです。それ以外の仕事は、人に任せるか、完全に無視してしまっているのです。

だから、投資家として桁違いの成功をおさめながら、自分らしくいるための時間をたっぷりと持っているわけです。

やる必要のないことをうまくできてもしょうがない。これは、人間関係においても決して忘れてはならない原則です。

よくある「人間関係本」を読んで、やっかいな人をうまくかわせるようになったり、めんどうくさい人とのコミュニケーションがうまくなったり、嫌いな人とも仲よくできるようになったりしたとします。

では、そのやっかいな人、めんどうくさい人、嫌いな人との関係は、本当にあなたの人生にとって必要なものなのでしょうか?

もしそうでないとしたら、あなたは必要のない人間関係をうまくやるために、貴重な時間を浪費していることになります。本来であればその時間は、大切な人、大好きな人、本当に必要な人のために使うべき時間ではないでしょうか。

どうでもいい人との関係をうまくやっていくことには、意味はありません。

どうでもいいことを上手にやる方法を伝授しているのが、既存の人間関係本である、というわけです。

POINT

**× 苦手な人とうまくつき合う方法を学ぶ**

**○ つき合いたい人とだけつき合う方法を学ぶ**

めんどうな人や、やっかいな人とうまくつき合う必要はありません。そういう人とは、二度とつき合わなくて済むようにして、これ以上時間や労力を使わないようにする。これが正しい対処法です（その方法については、第4章以降で詳しく説明することにします）。

## めんどうな人、苦手な人に意識が行ってしまう人間の脳

とはいえ、人間関係をなんとかしたいと思うと、ついつい苦手な人や「イヤな奴」への対応に意識が向かってしまう、という人は多いと思います。

ここには、ついつい物事のマイナス面に意識が向かってしまう、人間の脳の仕組みが関わっています。

たとえば、片づけが得意な人と、そうでない人の一番の違いはどこにあるでしょう。掃除や収納のスキルでしょうか。几帳面か粗雑か、といった性格の違いでしょうか。

実は、両者の一番の違いは「どんなものに注目しているか」です。

片づけができる人は、自分にとって必要なものは何か、に注目します。自分の人生

に欠かせないもの、手元に置きたいもの、いつも使うものを常に選んでいるのです。するとそれ以外のものは持つ必要がないし、ほしいとも思いません。だから、家のなかは自然に片づきます。

一方、片づけられない人が注目しているのは、「捨てるべきもの」「いらないもの」です。家のなかにある雑多なものを見て、「これはいらないかな」「これは捨ててもいいんじゃないか」と判断しようとするのです。

一つ一つのものを手にとって判断しようとすれば、「待てよ、まだ使えそうだ」「あとで必要になることもあるかもしれない」「他に使い道があるかも」といった思考がはじまります。すると、結局は捨てるのが惜しくなってしまう。だから家のなかはいつまでたっても、ものであふれているわけです。

あるいは、こんなこともあります。

私がイギリスに旅行すると言うと、「イギリスですか。食事がまずいんでしょう」とわざわざ言ってくる人がいます。

歴史的建造物とか、オックスフォードの街の雰囲気とか、イギリスならではの魅力にひかれて旅行する私にとっては、食事のクオリティなどどうでもいいことですし、考えてもいなかったことです。

けれども、旅行先を選ぶとき、こうしたマイナス面に目を向けてしまう人は少なからずいるでしょう。買い物をしたり、レストランで何を注文するか迷ったときに、同じような発想になってしまう人もいると思います。

片づけをするとき、まず何を捨てるかに考えが向かってしまう。

イギリス旅行と聞くと、「ご飯がおいしくない」と考えてしまう。

このように、マイナスなもの、ネガティブな情報に目が向いてしまう発想は、実は人間にとって自然なことです。

人類の歴史のほとんどは、過酷な自然のなかでのサバイバルでした。そうした環境では、ポジティブ情報よりも、ネガティブ情報に対する感度が生死を分けます。

簡単に言うと、木になっているリンゴ（ポジティブ情報）を見逃しても死ぬことはありません。一方、木の陰で寝ているサーベルタイガー（ネガティブ情報）を見逃すことは即、命の危険につながるわけです。

人間の脳はこうした環境に適応して進化してきたので、マイナスなものに注意が向きやすく、ポジティブ情報よりネガティブ情報に敏感なのは仕方のないことなのです。

ですから、人間関係において、「めんどうな人、苦手な人、やっかいな人への対処」に意識が向かいがちなのも、脳の進化の経緯から見れば当然と言えます。

多くの人は、好きな人と苦手な人では、苦手な人への対処に注意を向けています。できればつき合いたくない人とのつき合いのために、より多く脳のリソースを使っているわけです。

しかし、考えてみてください。

私たちはいま、危険を見逃すと捕食されるような過酷な環境に暮らしているわけではありません。

あなたがいつも注意を向けている苦手な相手は、サーベルタイガーほど危険な存在ではないでしょう。

人間関係で振り回されるのはストレスフルなことですし、人生の幸福度を下げるのは間違いありません。だからといって、自分を振り回すような相手に意識を向け、その対処法を考えるのは楽しいことでしょうか。

**そんなことに時間を使う人生が幸福でしょうか。**

**振り回されないために、困った人への対処法を学ぶことは、どうでもいい他人のために一生懸命本を読み、勉強をして、自分の貴重な時間を浪費することにほかなりません。**

# 誰とでもうまくやろうという間違った思い込み

私も、どうでもいい相手に意識を向け、その対処のために人生を浪費していた時期があります。テレビに出はじめたばかりの頃がそうでした。

テレビ業界の方のなかには、特に仕事を振る気もないのにしょっちゅう連絡して来る人がいます。夜中の1時、2時といった時間に、「ちょっと、○○さんの誕生日なんだけど」という感じで誘ってくるのです。知り合いの誕生パーティーなどにタレントを引き連れて行く自分、というのをアピールしたいわけです。

呼ばれて出て行っても、ちょっとお酒を飲まされ、よくわからない人たちと話し、運がよくてもテレビ局のタクシーチケットを渡されて帰るだけですから、特に得るものはありません。仕事につながらないうえに楽しくないのであれば、これはただの時間の無駄です。

それでも、プロデューサーやディレクターの誘いがあったらつき合わなくてはいけない、そうしないとテレビの世界では生き残れないと当時は思っていました。そういう人たちにある程度は媚びを売らないと仕事は来ない、と思い込んでいたのです。

もちろん、それは間違いです。実際には、こうしたつき合いと仕事とはまったく関係がありません。

いまの私はテレビ関係者にどう思われるかなどは気にしていませんし、自分が会いたい人、行きたい場所以外には誘われても出て行きません。

そのかわり、おもしろいと思う企画を考えたり、自分の価値を高める努力をしています。その結果、いまでも仕事には特に困ってはいません。自分はどう生きるのか、自分が生きていくために、仕事をしていくために何が必要なのか。それがわかっていないと、あらゆる人間関係が必要なものに見えてきます。誰とでもうまくやっていかなくてはいけないような気がしてきます。

たとえ「この人はめんどうだ」「この人にはいつも振り回されて迷惑だ」と感じても、

人とのつながりを切ってはいけないような気がしてくるのです。だから、いつまでも人間関係で振り回され続けることになるわけです。

しかし、実際には、必要な人間関係はごく一部です。私はディレクターやプロデューサーからの深夜の電話を無視するようになってもまったく困っていませんし、むしろ以前よりもやりたい仕事を思う存分やれるようになっています。

**POINT**

**× 関わった人と、どうやってうまくやっていくかをまず考える**

**○ 関わった人との関係が、自分にとって本当に必要かどうかをまず考える**

それが自分にとって本当に必要な人間関係なのかどうかは、自分の心に聞けばわかります。何も難しいことはありません。その人と関わることがストレスであり、幸福度を下げていると感じるのなら、不要な人間関係だと考えていいでしょう。

そんな人にうまく対処するために、さらに時間を使うのは無駄でしかないのです。

## 選択とカットで、豊かな人間関係がつくれる

振り回されない人とは、自分で人間関係を選べる人である。つき合う必要のない人は切ればいい。

こう言うと、ときどき「それは、一匹狼になれということですか？」と勘違いする人がいます。それは、まったくの誤解です。

**人間関係を選べるということは、自分がつき合いたい人とつき合える、ということです。**

つき合いたくもない人の言動によって自分の人生に影響が出るのは、まさに「振り回される」ということで、ストレスの原因でしかありません。

これに対して、自分で「この人と関わりたい」と選んだ人からの影響は、幸福度を高めてくれるよい影響です。

たとえば、尊敬している上司に「君ならやれる」と難しい課題を与えられることは、やりがいにつながるでしょう。

起業する親友のために無報酬で知恵や労力を貸すときは、大変さよりも相手の役に立てる喜びのほうが大きいでしょう。

私も、つき合う必要がない人とはまったくつき合わない人間ですが、決して他人からの影響を遮断しているわけではありません。信頼できる友人（あまり多くはないのですが）と会って話すときには、「なるほど、そんな考え方もあるのか」「これは自分にはない発想だなあ」などと気づかされ、影響を受けることばかりです。

誰でも、自分で選んだ人間関係からは気持ちよく影響を受けられるはずです。また、自分が相手にいい意味での影響を与えることもできるでしょう。

これは、振り回されたり振り回したりといった関係とは違う、お互いに気づきを与え合い、成長を促し合えるポジティブな人間関係なのです。

人間関係を自分で選ぼう、めんどうな人とは二度とつき合わなくていいようにする、と言われて、それが孤立につながるというイメージを持ってしまう人は、この点をよく理解してください。

**自分で人間関係を選べれば、人間関係はむしろ豊かになるのです。**

## 一つドアを閉じたら、もう一つのドアが開く

人間関係をカットすると言っても、仕事となるとそうはいかない、と言う人がいます。本当にそうでしょうか。

「目の前のドアを一つ閉じたら、どこかでもう一つドアが開く」という言葉があります。何かを失うことは、新しい何かを得ることにつながる、ということです。

現在の私は、仕事関係でも、めんどうな人間関係はどんどんカットするようにしています。

最近も、あるビジネススキル系の企画の依頼を受けて、「めんどうくさい人」に関わりました。クライアント企業の担当者が、まったくアイデアを出さないのにこちらの仕事の進め方にやたらと口出しをしてくるのです。しかも、こちらの話を何も聞い

ていないというタイプで、閉口しました。

結局、あまりにもめんどうなので、この仕事はお断りすることにしました。

１０００万円ほどの案件でしたが、１０００万を手に入れるために失うもの――自分の労力や時間を考えたら、イヤな仕事をしてまで稼ぎたいとは思わなかったのです。そのぶんの時間と労力で、好きなことをして稼ぐことを考えるほうが建設的です。

実際、余裕ができたところにはすぐに新しい仕事が入って、１０００万よりはかなり多い利益を上げることができました。

**POINT**

**×人間関係を切ることによって失うものに目を向ける**
**○人間関係を切ることによって得るものに目を向ける**

目の前のものを捨てるから、新しいチャンスに出会えるのです。新しいドアを開けるためにこそ、いま開いているドアを閉じてみることを考えましょう。

# 人間関係の限界は、たったの50人

不要な人間関係をカットしても問題ないこと。もっと言えば、カットしなければいけないこと。このことは、脳科学的にも理由があります。

世の中には、人づき合いが得意で顔が広い人もいれば、人見知りが激しくて数人としかつき合わない人もいます。何人くらいの人と人間関係を結べるかは、人によって差が大きいように見えるかもしれません。

しかし、人間がつき合える人数の目安というのは、実は決まっている、と現在では考えられています。

これは、オックスフォード大学の進化生物学者、ロビン・ダンバー博士が定式化した「ダンバー数」という概念です。ヒトの大脳新皮質のサイズをもとに算出すると、人間関係を維持できる人数は150人前後である、というのです。

150人というと、「かなり多い」という印象を受けるかもしれません。けれども、ここで言う人間関係には、数年に一度しか連絡を取らないような相手もカウントされます。遠縁の親戚や、帰省したときにしか会わない同級生なども含めて150人が限度、ということです。

また、150人というのは、あくまでも脳の機能から見た理論的な限界であることにも注意が必要です。脳のポテンシャルを最大限発揮するのは難しいことですから、実際に150人との関係を維持するのは至難の業と考えたほうがいいでしょう。

つまり、日常的に顔を合わせたり、頻繁に連絡を取り合ったりするような人間関係を維持できる人数は、150人よりもかなり少ないと考えるべきです。


では、それは具体的にどのくらいの人数でしょうか。

私の実感では、かなり人づき合いが得意な人でも50人が限度でしょう。私自身にとっての最適な数はもっと少なく、30人くらいだと感じます。

これはあくまでも経験にもとづく実感ですが、これを裏づけてくれそうな知見があります。それは、客家《ハッカ》の思想です。

客家というのは、漢民族の一支族で、「東洋のユダヤ人」と呼ばれる民族です。世界中に散らばって経済活動を行い、成功している華僑のうち、1割弱を占めるのが客家です。

それでいて、華僑の総資産の約三割を保有していると言われている客家は、ユダヤ人と並ぶ富豪民族だと言っていいでしょう。

客家の多くは、道教に基づく信仰・思想を持っています。この道教の教えのなかにあるのが、「あなたを幸せにしてくれるのは、あなたのまわりの50人である」という言葉です。

世界中に散らばって成功し、幅広いネットワークを持っているはずの民族でも、重要な人間関係はやはりせいぜい50人くらいである、と考えているわけです。

自分が維持できる人間関係は、せいぜい50人程度である。もちろん、仕事もプライベートも合わせて50人にすぎない――。

そう考えてみると、日ごろ振り回されているめんどうくさい人、やっかいな人、苦手な人をその50人のなかに入れてもいいと思えるでしょうか？

**むしろ、たった50しかない枠のなかから、そういう人を一刻も早く追い出すべきである、と考えるのではないでしょうか。**

なお、念のために言っておきますが、50人程度を人間関係の上限と考えるからといって、いろいろな人と出会う機会をわざわざ減らす必要はありません。

たくさんの人と知り合うことが得意だったり、好きだったりする人は、その点を改めなくても結構です。

たくさんの人と出会い、つき合うことは、ベストの50人を選ぶための候補者を増やすことである、と考えればいいでしょう。

人生の幸福度に関する研究では、友人が増えて幸福度が高まるのは20代までで、30代以降は友人の数が減る、つまり質がいい人間関係に絞ったほうが、50代以降の幸福度はより上がることがわかっています。あなたがもし30代以降であれば、友人の数よりも質を重視することをお勧めします。

## 人間関係でラクをしようとすると、相手に振り回される

誰とつき合うか、どんな人とつながるかを自分で選べる人は、めんどうな人とはつき合いません。それは、言い方を変えれば、つき合いたい人とつき合えるということです。

振り回されない人になるとは、めんどうな人、やっかいな人にうまく対処できるようになることではなく、人間関係を自分で選べる人になるということである。この点をまず押さえましょう。

**結局、振り回される人と振り回されない人の違いは、「他人に選ばれているのか、自分で選んでいるのか」の違いです。**

そして、人間関係を自分で選べないという人は、選べないのではなく、選ぶことを避けているのです。なぜ避けるかといえば、めんどうくさいからです。

他人に選ばれるのを待つのは、ラクなことです。プライベートなら、誘いに乗って出かけていく。仕事であれば、言われた仕事だけをやる。これなら、自分で考えたり決断したりする負担を逃れられます。

ただし、その代償として、他人に選ばれる人間関係を生きている人は、他人に振り回されざるを得ないのです。

「人間関係で振り回されてしんどい」と言う人は、自分がある意味ではラクな人間関係を選んでいるということを自覚するべきです。

**POINT**

**× 自分が人間関係で振り回されるのは、運や環境のせいだと考える**

**○ 自分が人間関係で振り回されるのは、自分の選択の結果（だから、自分で状況を変えられる）と考える**

一方、人間関係に振り回されない人――自分で人間関係を選び、影響を受けたい人だけから、よい影響だけを受けられる人は、ある意味では大変な道を選んでいます。

自分が何を望んでいるか、どんな人とつき合いたいのかを考え、自分で決断してつき合う人を選ばなければいけない。つながりたい人がいれば、誘いを待つのではなく自分から誘うという積極性と行動力も必要です。

そんな大変なことはしたくない、かえってめんどうくさいじゃないか、と感じる人もいるでしょう。だとすれば、その人はこれからも他人に振り回される人間関係に耐えるしかありません。

この本を読んでいる以上、あなたは「もう振り回されるのはイヤだ」と考えているはずです。だとしたら、勇気を持って自分で人間関係を選ぶ道を進みましょう。

それは楽な道ではないかもしれませんが、だからこそ得られるメリットは大きいのです。

次章では、自分で人間関係を選ぶことで何が得られるのかを、より詳しく見ていくことにします。

## 第1章のまとめ

☑人間関係で振り回されない人とは、人間関係を自分で選べる人である

☑時間と労力は、自分にとって大切な人間関係のために使おう。自分を振り回す人に対処しようとするのは、時間と労力の無駄である。めんどうな人、やっかいな人、苦手な人はカットすべし

☑振り回される人生は、ある意味でラク。振り回されない人生を歩むことを決断しよう

第2章

# 誰とつき合うかで、人生はここまで変わる

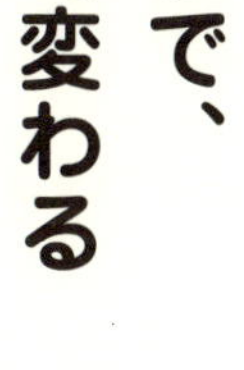

## 人間関係のよし悪しで寿命が15年変わる

振り回される人間関係＝他人に選ばれる人間関係を脱し、いい人間関係を自分で選べるようになること。

そこには、想像以上の大きなメリットがあります。本章では、そのメリットについて詳しく説明したいと思います。

たとえば、こんな衝撃的な研究があります。

「良好な人間関係は、最大で15年も寿命を延ばす」というアメリカのブリガムヤング大学の研究です。

この研究は、過去に発表された論文をもとに、30万人分以上のデータを調査し、寿命を伸ばすのに効果的な要素を明らかにしたものです。

これによると、寿命を伸ばす効果が圧倒的だったのは「良好な人間関係」「社会との一体感」の2つ。どのくらい効果的かというと、定期的なエクササイズやダイエットと比べると3倍ほどの効果があり、減煙・禁煙さえ上回るというのだから驚きです。

何をもって「良好な人間関係」とするかは人それぞれでしょう。これは、「社会との一体感」についても同様です。しかし、いずれにしても、人間関係を選べることがその前提となることは間違いありません。

人間関係で振り回される人と、つき合う人をみずから選べる人とでは、15年も寿命に差が出る可能性があるわけです。

他にも、人間関係が健康に与える影響については、これまでに多くの研究が蓄積されています。

たとえば、ハーバード大学では、被験者に「空気椅子」をやってもらって、苦痛への耐性を調べるというおもしろい実験が行われています。

この実験でわかったことは、友人が多い人ほど苦痛に強い、ということ。

友人と会ってコミュニケーションをすると、脳内麻薬の一種であるエンドルフィンが分泌されます。エンドルフィンの効果は、鎮痛剤として知られるモルヒネ以上と言われています。だから、友人が多い人ほど苦痛に強くなるわけです。

つまり、良好な人間関係はモルヒネよりも効く、と言うことができるでしょう。


研究のディレクターである心理学者のロバート・ウォールディンガーがＴＥＤで紹介して話題になった「ハーバード成人発達研究」については、知っている人もいるかもしれません。

この調査は、７２４名にのぼる対象者を、75年間にわたって追跡調査するという前代未聞の試みでした。

2年ごとに全員の健康状態、メンタルヘルス、ライフスタイルなどを詳細に調査し、ほぼ一生涯を観察・研究するというのですから、徹底しています。

こうして７２４人の生涯を追跡調査した結果、何がわかったか。

**健康や幸福をつくり出す最大の因子は、富でも名声でもエクササイズでもなく、よい人間関係である、ということです。**

ここでも、家族や友人と良好な人間関係を保っている人は、健康で長寿であるという結論が出ています。

また、人間関係は脳機能に与える影響も大きく、50代の時点で幸福な結婚生活を送っている人は、80代になってから認知症にもかかりづらく、メンタルが安定しているということもわかっています。

**なお、ここで言ういい人間関係というのは、とにかく友達が多いほうがいい、という意味ではないことに注意が必要です。重要なのは量より質だ、というのです。この点は、私も含めた内向的で友達の数が多くない人には朗報でしょう。**

SNSでやたらと多くの人とつながろうとしたり、異業種交流会のような場に出かけていく必要はない、ということです。

# パーティーピープルが幸福ではない理由

友人は量よりも質が大事、ということについては、ロンドン・スクール・オブ・エコノミクスの興味深い研究があります。

この研究では、「一般的には友達と遊ぶ回数が多いほど人生の満足度が高い」という結論が出た一方で、「都市部に住む人よりも田舎に住む人のほうが幸福度が高い」ということもわかっています。

一見すると、２つの結論は矛盾しています。人が多く、人間関係が広がりやすい都会のほうが、友達と遊ぶ機会が増えるように思えるからです。

では、なぜ田舎に住むほうが幸福度が高くなるのか。理由はとても単純です。

前章で紹介したダンバー数を思い出してください。もともと人間の脳は、それほどたくさんの人間関係を処理するようにはできていません。

関わる人がダンバー数＝１５０人を超えると、人間の脳は処理が追いつかなくなってしまい、それがストレスの原因になるわけです。

たとえば、都市部に住んでいる人の生活では、家を出て最初にすれ違う人が「知らない人」であることは普通です。

しかし、自分の群れの仲間でない個体に出会うというのは、動物としてのヒトの脳にとっては非常事態です。

もちろん、現代人の私たちは、知らない個体に遭遇したからといって、恐怖を感じたり、警戒態勢に入ったりはしません。しかし、意識してはいないとしても、脳は確実にストレスを感じているのです。

この点、田舎での生活というのは、顔見知り以外の人に会うことが少ない生活です。だから脳がストレスを感じることが少なく、そのことが幸福度につながるわけです。

もちろん、都市部での生活と田舎での生活にはそれぞれのメリット、デメリットがあって、どちらを選ぶかは個人の価値観にも関わってきますから、どちらがいいかを一概に言うことはできません。

**ここで言いたいことは、いい人間関係が幸福をもたらすからといって、毎日たくさんの人と会うパーティーピープル的な生活をしたり、「友達が多い人」「顔が広い人」を目指したりする必要はないということです。**

むしろ、最大でも150人程度、現実的には30~50人程度の重要な人間関係の質を高めていくことが大事であることが改めてわかります。

**POINT**

**× 友人を増やすために、SNSや交流会参加に時間を使う**

**○ 友人との関係を深めるために、実際に会って話すことに時間を使う**

## 人間関係を選べば、仕事で3倍成功しやすくなる

前述のハーバード成人発達研究は、よい人間関係がもたらす経済的なメリットについても明らかにしています。

人間関係がいい人は、人間関係が悪い人に比べて、3倍も仕事で成功しやすい。当然、年収も高くなるということになります。

これを裏づける事例もあります。

航空会社レイセオンのBLP研修という、人的ネットワークづくりや人間関係を選択するスキルをアップさせることを目的としたメソッドがあります。

この研修で、BLPを社員に学ばせたところ、受講者の社内での評価は平均で35%アップし、昇進率は43%アップした、というのです。また、離職率は42%減ったとい

います。

つまり、人間関係を選択できるようになった人は、仕事でまわりから評価されやすくなり、結果として昇進しやすくなった、ということです。

さらに、離職率の低下にも重要な意味があります。これは、人間関係を選べるようになったことで、会社のなかで居心地がよくなったということに他ならないからです。

人間関係を自分で選ぶ、というと、「カドが立つのではないか」「まわりの人とうまくいかなくなるのでは」といった心配をしてしまう人は、特にこの点に注目しましょう。

人的ネットワークが充実していて味方が多い人を叩いたり、コントロールしようとしたりするのは難しいことです。ということは、めんどうな人、やっかいな人の標的になりにくくなるわけです。

そう考えると、人間関係を選べるようになれば、会社のなかでの居心地がよくなるのは当然と言えば当然なのです。

よい人間関係には、「仕事をしやすい環境を整えてくれる」、「成功しやすく、より高い収入を得やすくしてくれる」という経済的なメリットがあるということがおわかりいただけるでしょう。

## 人間関係を選べれば、自分の未来は自分で決められる

企業など組織のなかで昇進していく人、独立して個人でビジネスを営んでいく人、あるいは起業して自ら会社を率いていこうと考えている人……と、仕事での成功にはいろいろな形があります。

しかし、いずれの場合でも、共通して要求される能力があります。

それは、未来を予想し、適切な決断をすることによって経済的な価値を生み出す能力です。他人の予想、他人の決断に従っているだけでは成功することはできないのです。

逆に言うと、ほとんどの人は自分で決めることを恐れています。だから、できるだけ自分で決めないようにしている。誰かの判断に従いたいと思っているのです。

自分で決められる人になるということは、それだけでまわりから抜きん出ることができるということですし、他人に頼られる人、みんながついてくるリーダーになれる、ということを意味するのです。

ここに、よい人間関係を選ぶことの3つ目のメリットがあります。

**人から選ばれる人間関係をやめ、自分の生活をよりよくしてくれる人間関係を判断し、選んでいくことは、決断の繰り返しです。これが、自分で決められる人になるためのトレーニングになるのです。**

よい人間関係を選ぶことによって得られる健康や経済的利益は、もちろんあなたの未来をよりよい方向に導いてくれるでしょう。

それだけでなく、人間関係を選ぶという行動によって、未来を選び、決断する力そのものを高めることができるというわけです。

## 第2章のまとめ

☑人間関係を選べるようになると、

①健康で長生きできるようになる

②仕事で成功しやすくなり、収入が上がる

③未来を自分で選ぶ力がつく

という3つのメリットがある

第3章

# 人間関係から自由になるメンタルづくり

自分で人間関係を選べるようになろう。そう決断したとして、次に問題になるのが、何をどう変えれば、人間関係を選べるようになるか、です。

これまで、他人に選ばれる人間関係、そのせいで他人に振り回されることに慣れてきた人が行動を変えるには、まずはメンタルのあり方をそれにふさわしいものに変えなくてはいけません。

本章では、人間関係を選べるメンタルとは何か、そのために必要な2つの要素——①レジリエンスを育てること、②共感能力を高めること、について説明していきます。

人間関係を選べるメンタルのつくり方 1

# レジリエンスを育てる

いま、あなたの目の前に、石段があると想像してみてください。神社にあるような長い石段です。

この石段は３００段あります。一番上まで上がると、そこには目がさめるようなきれいな景色が広がっています。それは、がんばって３００段をのぼりきるだけの価値が十分にある絶景です。

３００段の石段をのぼれる体力のある人は、頂上にたどり着いて美しい景色を楽しむことができます。

これに対して、体力のない人は、石段を20段ほどのぼったところであきらめてしまいます。

息が切れ、脚の筋肉が張ってくると、苦しさからつい「この先も、苦しい石段は永遠に続くに違いない」「一番上まで行ったところで、どうせきれいな景色なんてありはしない」などと考えてしまうからです。

もちろん、体力がない人も、きれいな景色を見たくないわけではありません。長い石段をのぼりきった場所からの眺望は、きっと素晴らしいだろうと思ってはいるのです。だからその後も、いくつもの石段にチャレンジはしてみます。けれども、そのたびに20段とか30段であきらめることを繰り返してしまいます。

そうこうするうちに、通算すれば300段以上の石段をとっくにのぼっているのですが、この人はいまだにきれいな景色を見ることはできていません。どこでも途中であきらめてしまうから当然です。

一方、体力のある人は、次々とあちこちの石段を踏破して、いくつもの美しい景色を楽しんでいるのです。

この話に出てくる石段は、人間関係のたとえです。体力のある人は、人間関係で負荷のかかるプロセスを乗り越えて、美しい景色＝よい人間関係にたどり着くことができる。体力のない人は、苦しい思いをしているだけでいつまでたってもよい人間関係を手に入れることができない。

**では、人間関係における「体力」にあたるのは何か。それがレジリエンスです。**

レジリエンスという言葉は、もともと「ゆがみを復元する力」という意味の物理学用語です。いまでは心理学用語（から日常語）になっている「ストレス」も元は物理学の言葉で、力がかかって物体がゆがむことを意味します。

つまり、心理学でいうレジリエンスとは、ストレスによって傷ついたメンタルを、みずから回復させる力のことです。

ストレスにへこたれない力、ストレスを乗り越えて成長する力と言うこともできるでしょう。

**人間関係を選べるメンタルをつくるために必要なこと、その第一は、このレジリエンスを育てることです。**

よい人間関係を選ぶためには、ある程度のストレスは避けられません。人と会って、関わらなければ何も始まりませんし、相手との関係を深める過程では摩擦や対立が生じることもあります。

**レジリエンスが強い人というのは、人間関係でストレスにさらされたとしても、へこたれずに前に進むことができます。結果がある程度見えるまで挑戦を続けることができるのです。**

たとえば、人間関係で多少イヤなことがあっても出会いを求める積極性を失いませんし、最初の接触でうまくいかなかった人とでも「もう少し関わってみよう」という粘り強さを発揮します。

その結果、より広く、深い人間関係を築けるし、そのなかからよりよい関係を選ぶこともできるというわけです。

テレビ出演が一番多かった時期には、私も人と会ってイヤな思いをすることはよくありました。「メンタリストという聞き慣れない肩書の、なんだかうさんくさい奴」

というイメージを持たれていたからです。

仕事で出会う人のなかには、初めから「インチキだろう」「見破ってやろう」という態度をあからさまにとってくる人も少なくありませんでした。

こういう目にあったとき、心がくじけてしまうとそこで関係はおしまいです。しかし、そこであきらめずにしばらくつき合ってみると、自分を疑っていた人ほど、いったん信じてくれると仲よくなれることに気づきました。

また、私を厳しい目で見ていた人ほど、誤解が解けると「ＤａｉＧｏはすごいやつだ」と評価してくれるようになるのです。

決して数は多くありませんが、現在でもつき合っている芸能界の友人は、ほぼこのパターンで仲よくなった人ばかりです。

レジリエンスが低い人は、人間関係の可能性をすぐに閉じてしまいがちです。相手の態度が冷たかったり、自分の期待したものと違うと、「だったらいいや」とドアを閉ざしてしまうのです。

これではよりよい人間関係に出会う可能性は低くなってしまいます。そればかりか、悪い人間関係を招き寄せる効果さえあります。ストレスに弱く、レジリエンスが低い人は、味方のふりをして近づいてくる「やっかいな人」にだまされてしまいがちだからです。

繰り返しますが、人間関係でストレスをゼロにすることはできません。もちろん、振り回される人間関係でストレスを感じ続けるのは間違っています。

**けれども、ストレスを完全に避けようとするのも間違いなのです。それでは、つながるべき人とつながるチャンスも閉ざされてしまいます。**

POINT

**× 人間関係のストレスは、少ないほどいいと考える**

**○ いい人間関係を手に入れるためには、ストレスは避けられないと考える**

適度なストレスを乗り越えつつ、人間関係を選べるようになるためには、レジリエンスは不可欠なのです。

## レジリエンスとは根性論ではない

ストレスを乗り越える力、ストレスを受けてもへこたれない力、というと、根性論のように感じられるかもしれません。

しかし、レジリエンスは根性や我慢とは違うものなので、この点には注意してください。

ストレスに耐えることを美徳とするような考え方は、明らかに間違っています。

人間の脳、体には、有害なものを感知して避けようとする仕組みが備わっています。たとえばストレスを感じて、胃がしめつけられるように感じたり、鬱や気分障害のようなメンタルの問題が起きるのも、そうした仕組みがあるからこそです。

せっかく脳や体が問題を報告してくれているのに、それを無視したり、軽視したりするのは危険なことです。

**レジリエンスを育てるということは、ストレスに耐える訓練をするのではなく、ス**

**トレスを上手に乗り越えられるように、科学的な根拠のある方法を実践していくことなのです。**

そこで、レジリエンスを育てるための科学的な方法として、まずおすすめするのが運動です。

## 週2回のウォーキングでレジリエンスは向上する

レジリエンスを育てるためには、ハードな運動は必要ありません。

たとえば、ドイツのカールスルーエ工科大学の研究によれば、30分から60分くらいのウォーキングを週2回、5ヵ月続けただけでもレジリエンスは向上することがわかっています。

この実験でのレジリエンスの測定には、心拍変動の値が使われています。心拍変動とは心拍数の変化の幅のこと。これが大きいほど、ストレスに弱いという指標です。

レジリエンスとは根性のような曖昧な概念ではなく、測定可能な心の強さであることがこのことからもわかります。

この実験では、週2回のウォーキングを行ったグループは、何もしなかったグループに比べて心拍変動が向上しました。レジリエンスを高めるためには、このくらいのゆるい運動でも十分に効果があるということです。

ウォーキング以外なら、軽い筋トレ、ランニングや自転車といった有酸素運動もおすすめです。

いずれにしても、「きつい運動をやって精神を鍛える」といった体育会的な発想とは違います。ハードな運動が好きならそれでもいいのですが、軽く、楽しめる程度の運動を続けるだけで効果は現れます。

## レジリエンスUPには「犬が最強」説

レジリエンスを高めるための方法の1つとして、おすすめなのが犬を飼うことです。

もちろん、そのためだけに犬を飼うというのはおかしな話ですが、犬好きで、いつか飼ってみたいと考えている人なら決断を後押しする理由の1つになるでしょう。そのくらい、犬は強力な味方になりうるのです（私自身は猫派なのですが）。

なぜ犬がいいのか。ポイントは2つあります。

**まず、孤独感を補ってくれること。**

これは犬に限ったことではありませんが、ペットを飼うことで人は孤独を感じづらくなります。

①ひとり暮らしの人、②ペットと暮らしている人、③パートナーと暮らしている人、④パートナーとペットと暮らしている人、の4つのグループを比較すると、もっとも孤独感が強いのは当然、①のひとり暮らしの人です。では二番目に孤独感が強いのはというと、意外にも③のパートナーと暮らしているグループ。三番目は④のパートナー、ペットの両方がいるグループ。一番孤独感が少ないのは、ペットと暮らしている②なのです。

こうした結果が出るのは、おそらく、人間のパートナーとは話し合うことができるからです。コミュニケーションがしやすいからこそ、「なぜわかってくれないんだ」「なぜ理解し合えないんだ」という形で孤独感を生じさせてしまうのでしょう。

人が孤独を埋めるには、残念ながら人よりもペットのほうが役に立つということです。

特に、人になつきやすく、忠誠心が強い犬は伴侶としては最適な選択の1つでしょう。

**もう1つのポイントは、犬を飼っていると自然に運動の習慣がつくこと。**犬は毎日散歩に連れて行かなくてはいけないからです。毎日30分程度のウォーキング時間は、自然と確保せざるを得なくなるわけです。

ついでに言うと、犬を飼っている人はドッグランなどで犬好き同士のコミュニティに入る機会も増えるでしょう。その一方で、「犬が待っているから、職場のどうでもいい飲み会は断って早く帰ろう」といった考え方もできるようになってきます。

これらはレジリエンスとは別の話ですが、ペットを飼うことによって人間関係を選ぶチャンスを増やせる、というメリットもあるわけです。まぁ私は断然猫派ですが。

## 強いレジリエンスを支える腸内環境

レジリエンスとの関係で言うと、ペットを飼うことにはもう1つ、意外なメリットがあります。それは、腸内環境を改善してくれることです。

動物は、細菌を多く持っています。もちろん人間も体内細菌は持っていますが、それとは違う種類の多彩な細菌を体内に飼っているのです。

特に、毎日散歩する犬や外飼いの猫などは、外出先でいろいろな細菌を拾ってきます。

こう言うと、「不衛生だな」と感じる人もいるかもしれません。しかし、健康のためには、いろいろな細菌に触れることがむしろ必要なのです。

人間を含めた動物は、細菌なしでは生きていけないようにできています。

たとえば、食物を消化するプロセスには細菌が関わっていて、人間自身の消化能力だけでは必要な栄養素を得ることはできません。免疫の調整などにも細菌の力を借りています。

現在の医学では、ヒトが生きていくために必要な機能のうち、ヒトの遺伝子に組み込まれている機能はほんの1％程度だとわかっています。それ以外の99％は、腸内に住んでいる細菌が補ってくれているのです。

ということは、完全に殺菌された環境では、人間は体の機能がうまく働かなくなって死んでしまうことになります。

清潔な環境、というより、清潔すぎる環境で暮らしている現代人は、腸内細菌が減ってしまっていて、そのせいでさまざまな心身の問題が起きています。たとえばアレルギー症状はこうした問題の典型です。

さらに、メンタルの不調、ストレス耐性の低下なども腸内環境の悪化と関係していることがわかっています。腸はストレスに対処するためのホルモンであるセロトニンの分泌を司るなど、「第二の脳」と呼ばれる重要な役割を持っています。腸内環境の悪化がメンタルの悪化に直結するのは当然です。

昔の子どもと比べて、いまの子どもはストレスに弱い、かんしゃくを起こしやすいなどと言われます。これも、外で遊ぶ機会が減り、腸内細菌の多様性が失われたせいかもしれません。

**犬をはじめとするペットと触れ合うことは、現代人に不足している細菌との接触を増やしてくれます。これによって腸内環境がよくなれば、それだけメンタルも改善されるということ。つまり、レジリエンスが向上するということを意味します。**

特に、犬は人間とのスキンシップが大好きですから、この点でも「最強」のペットであると言えるわけです。私は猫にほおずりすることで、腸内環境の改善を狙っています。

ペットを飼えない環境にある人も、日常生活のなかでなんでもかんでも「殺菌」したり「除菌」したりしないように気をつけるだけでも効果はあります。そのうえで、ときには泥まみれになるようなアウトドアスポーツなどに挑戦してみるのがいいでしょう。

## 思い込むことで、運動の効果はアップする

レジリエンスを育てるためには、運動が有効だと言いました。その効果をさらに高めるためのコツも紹介しておきましょう。

ドイツのルートヴィヒ大学が行った実験は、メンタルと体との関係が運動の効果に与える影響を明らかにしたものです。

この実験では、被験者を二つのグループに分けて同じエクササイズをやらせています。ただし、一方のグループにだけは、運動がもたらす健康効果、メンタル改善効果を解説した動画を事前に視聴させました。

つまり、前もって「運動はいかに効果的か」ということを教えたのです。

実験の結果、動画を視聴したグループは、動画視聴なしでエクササイズしたグループに比べて、脳のアルファ波がより増加しました。アルファ波はリラックスしたとき

に出る脳波ですから、より高いメンタル改善効果があった、ということです。

そんなことで運動の効果が変わるのか、と驚かれるかもしれませんが、同様の実験は他にも行われています。

たとえば、同じ作業をしているホテルの清掃係を2グループに分け、一方のグループだけに「客室清掃の仕事はウェイトリフティングや水中エアロビクスに匹敵するほどカロリーを消費し、脂肪燃焼効果がある」と教えると、そのグループだけに体脂肪減少の効果が現れた、という報告があります。


思い込みで効果が変わる、と言うとまるでスピリチュアリズムのようですが、そうではありません。現代の脳科学や医学の分野ではこうしたメンタルと体の関係――「ボディ・アンド・マインド」が本格的な研究テーマになっています。

**心と体は相互に関連していて、メンタルを変えれば体も変わる。体を健康にするとメンタルも健康になる。どちらか片方だけを治療したり改善したりするだけでは意味がない。**こうした考え方は、東洋医学では当然とされていますが、西洋医学でもこの発想が注目され始めているわけです。

ここまで本書を読んだ方は、すでに運動がメンタルに与える効果を学習していますから、運動習慣をつければレジリエンス向上に十分な効果を得られるでしょう。そのうえで、運動がレジリエンスに与える影響をときどき改めて意識するようにすると、さらに効果的です。

また、ダイエットなど、別の目的で運動をするときにも応用してみるといいでしょう。

## ストレスに対する考え方を変えてみる

レジリエンスは、ストレスに対処し、乗り越える力です。

そのため、ストレスに対する考え方を変え、対処する態度を変えてしまうことも、レジリエンスを劇的に向上させる効果があります。

ストレスに対する考え方として一般的なのは、「ストレスは悪いもの」、「できればストレスはないほうがいい」といったマイナスの認識でしょう。
これは、はたして正しいのでしょうか。

ストレスと幸福度に関して調べたニューヨーク州立大学の研究は、ストレスに対する新しい見方を教えてくれます。

この調査によると、過去に親からの虐待など、治療が必要なくらいのトラウマを持つ人たちの幸福度は低いことがわかっています。当然のことでしょう。

では、これとは反対に、特に困難もなく、いわゆる恵まれた人生を送ってきた人たちはどうでしょうか。実は、このグループも同様に幸福度が低かった、というのです。

もっとも幸福度が高かったのは、過去にある程度の困難や苦痛、つまりストレスにさらされる人生を送ってきた人たちだったのです。

ストレスが多すぎる人生が不幸なのは言うまでもありませんが、あまりにストレスがない人生も、幸福度が下がってしまう、というわけです。

**適度なストレスは、幸福になるためのスパイスのようなものと考えればいいでしょ**

う。

だとすると、人間関係で出会うストレスへの見方、感じ方も変わってくるはずです。人間関係を広げていく過程でめんどうな人や感じの悪い人に出会ってしまうと、当然ストレスを感じます。「もう、必要以上に人と関わるのはよそう」と思うこともあるかもしれません。しかし、そのストレスは、人生全体のなかでは幸福度をちょっと高めてくれるスパイスになるのです。

そう考えれば、人間関係のストレスはずいぶん対処しやすく、乗り越えやすくなるのではないでしょうか。

また、脳科学的には適度なストレスにさらされることで脳が鍛えられ、決断力が向上することもわかっています。これもレジリエンスの向上につながるでしょう。

もちろん、本書で最初から言っているように、イヤな人とつき合い続ける必要はありませんし、カットすべき関係もあります。しかし、人間関係を広げる過程で避けられないちょっとしたストレスは、恐れる必要はないのです。

余談になりますが、適度なストレスの指標として、腰痛に着目する説が近年あらわれています。

椎間板ヘルニアのように明らかな外科的要因がある場合を別とすれば、腰痛の主な原因はメンタルにある、というのです。

この説によれば、腰痛持ちの人は強烈なストレスを抱えているか、逆にストレスが少なすぎるためにストレスに弱くなっているかのどちらかだと言います。

いずれにしても、レジリエンスを育てることによってストレスに対処する能力が高まれば、腰痛を改善できる可能性もある、というわけです。

## レジリエンスの好循環を起こす10の方法

ここまで、レジリエンスを育てる方法として、とっつきやすく効果が高いものを紹介してきました。まずは、とにかく運動をしてみる。それから、ストレスに対する考え方を変えることを試してみてください。

この他にも、レジリエンスの向上のためには、信頼性の高い方法が確立されています。ここでは、アメリカ精神医学会が「10 ways to build resilience（レジリエンスを構築する10の方法）」として提案している行動リストを、私なりにかみくだいて紹介しておきます（原文はウェブサイト http://www.apa.org/helpcenter/road-resilience.aspx で閲覧可能です）。

すでに紹介した手法と重なる方法もありますが、それ以外にも自分に合いそうなものがあれば試してみてください。

**①親戚や友人などと良好な関係を維持する**

レジリエンスを高めることは、よりよい人間関係を選ぶために役立ちます。反対に、いい人間関係を持つことで、レジリエンスは高まるという効果もあります。

人との出会いに恵まれ、次々とチャンスをつかんでいく上り調子の人がいます。そういう人には、レジリエンスが高まる→人間関係が充実する→さらにレジリエンスが高まる→人間関係がさらに充実する→……という好循環が起きているということでしょう。

実際的な方法としては、いまある人間関係のなかで、大切な人、一緒にいたい人と過ごす時間を増やすことから始めるといいでしょう。

**②強烈なストレスやピンチに出会ったときは、「自分なら乗り越えられる」と考える**

こうした場面では、人はつい「絶対耐えられない」「自分ではどうにもならない」と考えがちです。これだとストレスやピンチは害にしかなりません。「自分の力で乗り越えられるもの」と捉え直すことで、レジリエンスを高めるために利用できるようになるのです。

### ③変えられない状況を受容する

「ニーバーの祈り」として知られる有名な格言があります。

「神よ、私に変えられるものを変える勇気と、変えられないものを受け入れる忍耐力、そして、それらを見分ける知恵を授けたまえ」。私の好きな言葉です。

変えられない状況をどうにかしようと思っても仕方がありません。それは受け入れて、変えられることに意識を向けるようにしましょう。

### ④現実的な目標を立てて、それに向かって進む

人間関係が充実していない人は、現実的でない目標を立てる傾向があります。「俺はいつかビルボードチャート1位になるんだ」と言って、仲間もつくらず、レコード会社の人とコネをつくる努力もせず、一人で路上で歌っている自称ミュージシャンを

思い浮かべてもらうといいでしょう。

夢を持つのはいいことですし、それが大きくてもいいのですが、大事なのは夢につながる現実的な目標を立てることです。先ほどの自称ミュージシャンなら、まずは日本のレコード会社の目にとまることを目指さなくてはいけないですし、そのためにキャッチーな曲をつくることを考えなくてはいけないわけです。

人間関係における現実的な目標としては、まずは大切な友人を何人か選んで、その人たちと過ごす時間を増やしてみることを、おすすめしておきます。

## ⑤不利な状況になっても、自分で決断して行動をする

これは、他人に流されないということです。不利な状況になってストレスがかかると、人はどうしても他人に依存したくなってしまいます。どうすればいいかを他人に教えてほしくなるのです。

そういう状況でも、自分で決断して行動するようにしましょう（もちろん、他人に

助言を求めるのはいいことです。あくまでも、決めるのは自分、ということさえ忘れなければ）。

自分で決断して行動する経験が増えると、自分で人生をコントロールしているという感覚が生まれます。この自信が、レジリエンス向上につながるのです。

## ⑥何かに挑戦して損失が出た場合、その失敗に自己発見の機会を見いだす

失敗したら、そこから何かを学ぶという姿勢を持ちましょう。

シリコンバレーでよく言われる「フェイルファースト」――事業でたくさん失敗することによって学びを得た起業家が早く成功できる、というのと近い考え方です。

人間関係でも、人を信じて行動したら裏切られた、相性が悪くていい結果につながらなかった、といった挑戦と失敗はつきものです。そこで「自分はダメな奴だ」とか「相手が悪い」といった思考に陥ってしまうのではなく、「自分が見落としていたことはなかったか」「関係をよくするためにどんなことができたか」「今回の経験で知った

ことは何か」といった視点から学びを得るようにしましょう。

## ⑦自信を高める

自信をつけるのはなかなか簡単なことではありません。しかし、ここまでに紹介してきた行動を実践していくことによって、自信は自然に高まってくるはずです。

そして、多少なりとも自信が湧いてくると、人は他人のために貢献できるようになります。キリストが「汝の隣人を愛せ」と説いたのは有名ですが、この言葉の本来の意味は「自分を愛するように、あなたの隣人を愛しなさい」ということ。つまり、自分を愛せることが、他人を愛する前提なのです。

自信をつけることで他人の役に立てるようになれば、人間関係は深まります。そのことが、さらに自信を育ててくれるでしょう。

### ⑧長期的な視点を持つ

目の前にトラブルやストレスがあるとき、それだけを見てしまうと人生がトラブルに満たされたように感じてしまいます。その状態でストレスに耐えることは難しいでしょう。

そんなとき、「これを乗り越えた先にはこんないいことが待っている」「将来的にやりたいことのために、いまは耐えなくてはいけない」といった長期的な視点を持つことで、目の前の試練に耐えられるようになります。

### ⑨期待する

第1章で述べたように、人は物事のポジティブな面よりネガティブな面に注意を向けがちです。「人間関係」と聞くと、「人間関係の悩み」「人間関係のストレスを避ける方法」といったことを連想してしまうのもその一例でしょう。
そこで、意識して期待するようにしましょう。人間関係なら、それをよくすることによって自分の人生がどう好転するかを考えてみるのです。このとき、紙にその期待を書き出すなどして見える化したほうが効果的です。

## ⑩運動をする

やはり運動は重要です。体と心をケアし、定期的に運動をする習慣をつけましょう。

ここに挙げた10の方法は、レジリエンスを高めるための方法でありながら、レジリエンスが高まるとより実践しやすくなる、という相互作用の関係にあるものも少なくありません。①などは特にそうでしょう。

できること、自分にとってやりやすいことから実践してレジリエンスを高め、それによってレジリエンスを育てる行動をさらに増やす、という好循環を起こしましょう。

人間関係を選べるメンタルのつくり方 2

# 共感能力を高める

## 相手の心を読むための共感力

人間関係を選べるメンタルをつくる2つ目の要素は、共感能力です。

人間関係を苦手とする人は、「相手が何を考えているかがわからない」という悩みを抱えていることが多いと思います。そのせいで他人との間に摩擦が生じてしまうと、よい人間関係を築くチャンスを失うこともあるでしょう。

あるいは、悪い意図を持って近づいてくる他人を見抜けないために、振り回される人間関係に巻き込まれてしまうわけです。

共感能力を高め、相手が考えていることを読み取れるようになれば、よい人間関係を選ぶための正しい判断ができるようになるわけです。

人の心を読む、というと、私がテレビなどで披露しているメンタリズムのパフォーマンスを思い浮かべる人がいるかもしれません。そこでは、腕を組んだ、口がちょっと動いた、目線の方向……といったしぐさや表情から私が相手の心理を読んでいるように見えると思います。

タネ明かしをしてしまうと、あれは相手にプレッシャーを与えるための仕掛けです。「表情やしぐさを見れば何を考えているのかわかるんですよ」と言われた人は、考えを読み取られまいとして身動きが取れなくなり、心理的に追い詰められていきます。その状態で質問をされるとボロを出しやすくなるのです。

つまり、表情やしぐさに注目するのは、尋問のための道具であり、相手の心を読む方法としてはさほど有効ではありません。

では、本当に人の心を読むにはどうしたらいいのか。私もこの点は長年研究して試行錯誤を重ねてきました。その結論が、共感能力を高めることだったわけです。

## 共感能力＋レジリエンスを組み合わせて鍛える

共感能力が人間関係を選ぶ上で重要である、というと、疑問を持つ方がいるかもしれません。

「相手の気持ちがわかったら、それに引きずられてしまうことも多くなるのでは」と心配になった人もいるのではないでしょうか。

たしかに、共感能力を高めると、相手に感情移入しやすくなります。

悲しい思いをしている人、つらい状況にある人に感情移入すれば、自分もストレスを受けることは避けられません。いつもそんな状態ではとても耐えられない、と感じるのも無理はありません。

だからこそ、共感能力だけを高めることはおすすめしません。すでに紹介したレジリエンスとセットで鍛えることをおすすめします。これが、人の心を読み取れる共感能力を高めつつ、他人の感情に引きずられること――これも一種の振り回される人間関係でしょう――を避ける方法なのです。

POINT

**×相手の感情に引きずられるのが嫌だから、共感しないようにする**
**○共感することで、相手を理解し、人間関係の判断力を高める**

共感能力について理解するためには、いわゆる「男性脳」「女性脳」という考え方を利用するとわかりやすいでしょう。

人間の脳は、その特性によって大きく2つに分けられます。

1つは、理屈を理解したり、戦略を立てたりすることに優れたシステム脳。これがいわゆる男性脳です。

もう1つは、相手の感情を理解して汲み取る力に優れた共感脳。女性脳と呼ばれるのはこちらです。

システム脳と共感脳の両方の性質を合わせ持ったバランスのいい脳が理想的なのは言うまでもありませんが、実際の人間の脳はたいていどちらかに偏っています。

極端にシステム脳に傾いた脳の持ち主のわかりやすいイメージが、「変人の数学者」です。天才的な頭脳を持ち、数学上の難問を次々と解明していくけれども、人とのコミュニケーションは苦手で奇行や大失敗を繰り返す。こういうタイプは、映画や小説のキャラクターとしておなじみですし、実際の理系の研究者にもしばしばいるものです。

天才的な頭脳を持つ自閉症児なども、極端なシステム脳の持ち主だと考えられています。

では、極端な共感脳を持っているのはどんな人かというと、これはまだ科学的には特定されていません。

おそらく、歴史上で神秘的な力を持つ存在とされてきた女性たち——占い師や霊能力者、あるいはシャーマン（巫女）といった人々は、極端な共感脳を持っていたのではないでしょうか。

いずれにしても、共感能力だけでは相手の感情に引きずられるというデメリットにつながります。そこにレジリエンスが加わって、他人のネガティブな感情に移入しても乗り越えることができるようになると、人間関係は好転するのです。

## 迷走神経を鍛えて共感能力を高める

では、どうすれば共感能力は高まるのでしょうか。

脳科学的に言うと、共感能力は脳の迷走神経を鍛えることによって向上します。迷走神経は、頭から首、胸を通って、「第二の脳」である腸までつながっている神経です。

カリフォルニア大学のダッチャー・ケルトナー教授は、迷走神経を鍛えて共感能力を高める方法として、ヨガや瞑想、自然に触れたり宇宙などの壮大な写真や動画を見ること、思いやりや自己犠牲を描いたストーリーに触れること、難しい文学作品を読むこと、などを推奨しています。

**つまり、自然が豊かな場所で文学作品を楽しんだり、瞑想やヨガのワークに励んだりするのは共感能力を高めるのには最高だということになるでしょう。**

なかでも瞑想は、いつでも、どこでも実践できて効果的な方法です。これについてはあとで詳しく説明することにしましょう。

それ以外で興味深いのが、難解な文学作品を読むことが推奨されていることです。

たしかに、私の知り合いでも、文学好きな人は人の心を読む能力に長けている人が多いと感じます。特に文学少女が大人になった、という感じの女性は、勘が鋭く驚かされた経験が何度かあります。

ちなみに、ケルトナー教授の共感能力向上法を紹介しているブログ『パレオな男』では、純文学のなかでも特に心を読む力を鍛えてくれる作品として、リディア・デイヴィスというアメリカの作家を紹介しています。『話の終わり』（作品社）、『ほとんど記憶のない女』（白水社）などの邦訳がありますから、興味のある人は読んでみるといいでしょう。

## 通勤電車でもできる、瞑想のはじめ方

さて、共感能力を高めるために手軽に実践できるエクササイズとしておすすめなのが瞑想です。

ハーバード大学の研究では、1日20分の瞑想を8週間続けると、共感能力が上がって他人に親切になり、性格がよくなるという結果が出ています。瞑想を実践した人は、そうでない人に比べて、杖を持ったおばあさんに席を譲る確率が3倍だったというのです。

**瞑想は共感能力を高めるばかりでなく、注意力が高まる、勘が鋭くなる、ストレスが緩和するといった効果もありますから、ぜひ実践してみてほしいと思います。**

瞑想のやり方はとてもシンプルです。

これまでにも私の著書では何度か紹介していますが、基本的には、

**①背筋を伸ばして座る。**
**②自分の呼吸に意識を集中する。**
**③他のことに意識がそれたら、ゆっくりと呼吸に意識を戻す。**

これだけのことを、時間を計って行えばＯＫです。最初は5分くらいからはじめるといいでしょう。特別な準備は必要ないですし、どこでもできるのが瞑想のいいところです。

私も暇さえあれば瞑想をしていますが、最近では移動中にタクシーのなかで瞑想をするのがお気に入りです。このときは、呼吸ではなく、自分の体にかかる重力に意識を集中しています。加速したり減速したり、カーブしたりするたびにかかってくるGに集中するのです。

電車で通勤する人なら、電車の揺れに意識を集中する、というやり方もいいでしょう。ようは、何かに意識を集中し、意識がそれたらもとに戻す、ということさえ守ればいいのです。

この他にも、瞑想のやり方はネットで調べればいくらでもヒットします。自分のやりやすそうな方法から気軽にはじめてみることをおすすめします。

## 紙やすり1枚で共感力が上がる

最後に、瞑想よりも手っ取り早く共感力を高める方法のヒントになりそうな、興味深い研究を紹介しておきましょう。

これは、アメリカのドレクセル大学で行われた実験です。

被験者を2グループに分け、一方には紙やすりを触りながら、もう一方にはサランラップを触りながら、同じ映像を視聴してもらいます。

すると、映像のなかの「痛そう」なイメージに対する脳の反応がより大きかったのは紙やすりを触ったグループでした。**自分が不快な思いをしているときのほうが、他人の不快にも敏感になった。つまり共感能力が高まったわけです。**

また、もう1つの実験では、石鹸で手を洗ったグループと、軽石で手をこすったグループとでは、軽石グループのほうがチャリティにより多く募金する意志を示した、という結果が出ています。ここでも、不快を感じることによって共感能力が高まっています。

この実験結果は、目の前の相手への共感力をその場で高める方法に応用できそうです。

たとえば、苦労話を聞いたり、悩み事の相談に乗ったりするときは、こっそりと手のひらに爪を立てるだけでも相手の苦しさ、つらさに共感しやすくなるでしょう。少しだけ椅子から腰を浮かせて空気椅子の状態で話を聞くのもいいかもしれません。

逆に、相手が楽しかったことについて話しているのに「何がそんなに楽しいのかわからない」と冷めた気分になってしまうこともあると思います。そんなときは、自分も楽しかった記憶を思い出すことで、相手の楽しさに共感しやすくなるはずです。

一見、バカバカしいことのように思えるかもしれませんが、共感とは文字通り相手の感情を共有することです。試してみる価値は十分にあるでしょう。

## 第3章のまとめ

- ☑人間関係を選べるようになるためには、それにふさわしいメンタルをつくらなくてはいけない
- ☑そのために、まずはレジリエンス（ストレスを乗り越える力）を育てる。エクササイズとしては、週に2回、30～60分のウォーキングが有効
- ☑共感能力を高めることも必要。いつでもどこでもできる共感能力のトレーニングとして、瞑想を実践しよう

第4章

# あなたのための本当の人間関係のつくり方

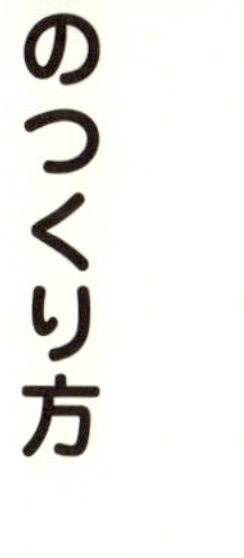

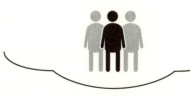

前章で述べた方法でレジリエンスと共感能力を高めると、人間関係を選ぶための能力は飛躍的に高まります。

相手が考えていることを自分のことのように理解できるようになる。それはすなわち相手の真意が見抜けるということです。

自分を振り回すようなやっかいな人、めんどうな人、邪悪な人はすぐに見分けて距離をおくことができる一方で、「この人と仲よくなりたい」と感じる相手には精神的に寄り添うことができます。気持ちを理解してあげる、困っているときは助けてあげるということを通じて、関係をスムーズに深めていけるわけです。

それでも、人間関係を選ぶ過程では、失敗はつきものでしょう。期待はずれだったり、裏切られたと感じたり、騙されることだってあるかもしれません。しかし、レジリエンスが確立されていれば、そこでくじけずに次のチャンスに目を向けることができるわけです。

こうしたポテンシャルを身につけたうえで、では、よい人間関係を選ぶためにどのような行動をとればいいのかを本章では説明していきましょう。

ポイントは、次の５つです。

**①マキシマイザー戦略ではなく、サティスファイサー戦略をとる**
**②「コミュニケーション能力」幻想を捨てる**
**③接触を増やし、自然に触れ、イベントを共有する**
**④「頼む」ことで人間関係を深める**
**⑤素の自分でいられる相手を選ぶ**

人間関係で悩む人は多くの場合、「自分は友達をつくるのが苦手」と感じているでしょう。性格分析的に言えば、内向的人間（自分でそう思い込んでいる場合も含めて）が多いと思います。

たしかに、内向的な人はたくさんの人とつき合うのは苦手です。しかし、それは友達をつくるのが下手ということには直結しません。まして、内向的だからよい人間関係に恵まれない、などということは絶対にありません。それを理解し、正しい人間関係の選び方を実践できるようになってもらうのが本章の目的です。

人間関係選択のポイント 1

# マキシマイザー戦略ではなく、サティスファイサー戦略をとる

## 最高の友を探してはいけない

よい人間関係とは、どんな人間関係でしょうか。

なんでも話せる親友が何人かいる。メンターをつとめてくれる優秀で人格者の先輩がいる。仕事では信頼できるチームメイトに恵まれている。もちろん、最高に魅力的で相性のいいパートナーもいて……。よい人間関係というと、こうした理想的な状況を想像するのではないでしょうか。

理想を思い描くのは、もちろん悪いことではありません。しかし、実際に人間関係を選ぶときの戦略としては、理想を追うことはマイナスに働きがちなので注意が必要です。

たとえば、なんでも話せる親友、心の友のような最高の友達を求めることは、幸福度を下げるということがわかっています。

南カリフォルニア大学で行われた研究では、学生たちに日記をつけてもらい、どのように友人とつき合っているかを2週間調査しています。

その結果わかったことは、よりよい友達を求めてがんばった日ほど幸福度が下がっていることです。

よりよい友人を求めていると、いまつき合っている友達は「あまりよくない友達」「満足できない友人」ということになってしまいます。これでは、一緒に過ごしていて幸福を感じることはできなくて当然です。どんなにおいしいものを食べていても、「もっとおいしいものがあるはずだ」と考えていては、満足できないのと同じことです。

また、理想の友人と現実の「あまりよくない友達」を比較することで、「いまいちな人たちとつき合っているみじめな自分」という自己イメージができてしまいます。これが自尊心を低下させ、幸福度を下げてしまうというのです。

理想的な友を求めて、つねによりよい友人――より信頼できる友人、より魅力的な友人、より欠点の少ない友人などなどを求めるか。あるいは、とりあえず楽しく過ごせる友人でよしとするか。この2つの姿勢は、それぞれマキシマイザー戦略とサティスファイサー戦略と言い換えることができます。最高のものを探すマキシマイザー戦略と、満足できるものを探すサティスファイサー戦略です。

友達とのつき合いにおいては、マキシマイザーよりもサティスファイサーになったほうが幸福度は高い、ということがこの研究からはわかるわけです。

つまり、なんでも話せる親友、文句のつけようもない最高の友、といった理想を求めるのは得策ではありません。

いいところもあるけれど、「ここはどうにかしてほしい」というところもある。部分的には好きだけれど、好きになれない部分もある……というくらいの友達（おそらく、現実の友達というのはそういう人たちでしょう）でよしとして、その人と過ごす時間を楽しめるよう過ごすと、幸福度は上がるのです。

POINT

**×「もっといい友達が見つかるはずだ」という発想**

**○「友達と、もっと楽しい時間を過ごすには？」という発想**

現実的な行動としては、イヤな人と過ごす時間を減らして、楽しく過ごせる相手との時間を増やす、というのがいいでしょう。

## ≫幸せな人間関係を手に入れるための戦略

友達づくりに限らず、人間関係ではマキシマイザー戦略ではなくサティスファイサー戦略を選ぶことは重要なポイントです。

つまり、理想を求めると、実際につき合っている相手への不満が高まるばかり、ということです。そうすると、せっかく知り合った人との関係を維持したり、よりよいものにしていくことはできないでしょう。本当につながりたい理想の人は別のところにいるのですから。

実は、人間関係においてマキシマイザー戦略をとってしまうというのは、結婚できない人の特徴でもあります。これについては、説明は不要でしょう。「もっといい相手がいるかも」と思っていたら、結婚に踏み切れるわけがありません。私も若干この傾向があるので、あまり偉そうなことは言えませんが……。

もっとも、マキシマイザー戦略よりもサティスファイサー戦略のほうが幸福につながるという点から考えると、別の見方も可能です。結婚というシステムは、心理学的にはよろしくないシステムなのかもしれない、ということです。

結婚は、パートナー以外とは性的な関係を持たないという契約です。この人だけ、と思うと、どうしても最高の相手を探してしまうのはしかたないことでしょう。つまり、結婚というシステム自体がマキシマイザー戦略を誘発するのです。

そう考えると、人々が結婚で幸福になるためには、人生で何度も結婚・離婚を繰り返したり、あるいは重婚が認められたりするほうがいいのかも……という考え方もできるわけです。

話がそれてしまいました。改めて確認しておきましょう。

人間関係選択では、ベストを求めるマキシマイザー戦略よりも、満足できればよしとするサティスファイサー戦略をとるのが基本です。それが幸福な人間関係につながるのです。

人間関係選択のポイント2

# 「コミュニケーション能力」幻想を捨てる

## コミュ力が高いと言われる人も、実はたいしたことはない

世の中には、外向的で、自信満々で、すぐに誰にでも話しかけて仲よくなることができる、という人がいます。「コミュニケーション能力が高い」と言われるタイプです。

自分は引っ込み思案で、コミュ力が低いからなかなか友達ができない……と感じている人は、こういうタイプの人をうらやましく感じることもあるでしょう。

しかし、いわゆる「コミュニケーション能力が高い人」は、本当に高いコミュニケー

ションの能力を持っているかというと、そうとも限りません。

自信を持っていることが、どの程度コミュニケーションにおいてプラスになるかを調べたカリフォルニア大学の実験があります。その結論は、意外にも「自信満々だとしても、コミュニケーションにはほとんどプラスにならない」だったのです。

ほとんど、というのは、新しい友達をつくる能力においては、自信満々な人たちはそうでない人にくらべて若干高いアベレージを示したからです。あくまで若干、です。

一方、別の研究では、長期的なつき合いになると自信満々な人は敬遠されがちということもわかっています。

さらに、これは男性についての統計ですが、恋愛においては自信満々な男よりも謙虚な男のほうがモテる、というデータもあります。

そう考えると、いわゆる「コミュニケーション能力が高い」人たちが、本当にコミュニケーション能力が高いという根拠はどこにもないと言っていいでしょう。

つまり、科学的に計測されたわけではない、一般に言われるところの「コミュニケーション能力」というものは、幻想にほかなりません。

裏を返せば、「自分はコミュニケーション能力が低い、だから友達をつくるのが苦手だ」とか、もっと極端に「自分は『コミュ障』なので、人間関係が苦手です」などと言っている人も、幻想に囚われているだけということになります。

診断がつくようなコミュニケーション能力の障害がある場合は別ですが、世間一般のイメージでの「コミュ力」に自信がない、という程度ならば、人間関係をつくっていくうえでなんの問題もないのです。

POINT

**✕ 友達づくりが苦手なのは、持って生まれたコミュ力の問題だ**

**○ 友達づくりが苦手なのは、やり方を間違えているだけだ**

## 内向的な人ほど、コミュ力が高い人に話しかけよう

いわゆる「コミュニケーション能力が高い人」のことはずいぶん酷評してしまいましたが、本当にコミュニケーション能力が高い人に出会ったときはチャンスです。

誰とでも楽しく会話ができる人、相手の気持ちを汲み取るのが上手な人、結果として多くの人に慕われている人気者……といったタイプの人は、内向的な人が人間関係を広げるための味方になってくれます。

コミュニケーション能力に自信がない、と感じている人ほど、コミュニケーション能力が高い人を狙って話しかけてみるべきなのです。

これは、私自身が心がけていることでもあります。

何度も言っていますが、私は誰とでも仲よくなれるタイプではありませんし、友達が多いほうでもありません。

だからこそ、自分が持っていない力を持っている人と仲よくしようとしています。

つまり、コミュニケーション能力が高く、誰とでも仲よくなれるタイプの人です。

実は、この方法はコミュ力に自信がない人にとってラクなやり方です。高いコミュニケーション能力を持っている人は、こちらが上手に話せなくても気持ちや性格を理解してくれますし、やりとりがうまく進むようにリードしてくれるからです。

さらに、彼らのコミュニケーション能力のサポートを受けながら、別の人とつながっていくことも可能です。**友達の多い友達をつくれば、友達が増えるということです。**

内気な人というのは、自分を「暗い人間」とか「日陰が似合うタイプ」とかいったイメージを持ってしまいがちです。そうすると、友達が多くて、いつも明るい人は敬遠してしまうことも多いでしょう。なんだかまぶしすぎて、気後れしてしまうからです。結果、自分と似たタイプの人とばかりつき合ってしまうことが多いと思います。

これは、とてももったいないことです。**コミュニケーション能力が低い人こそ、コミュニケーション能力が高い人にアプローチするべきなのです。**

語弊をおそれずに言えば、暗い人は明るい人に話しかけましょう、ということになります。

コミュニケーション能力が高い人は高い人同士、低い人は低い人同士で固まったほうがラクだし、幸せである。これもまた、コミュニケーション能力にまつわる幻想に過ぎません。

× 人が集まる場所では、
すみっこにいる自分に似たタイプの人にばかり声をかける
○ 人の輪の中心になっている明るい人にも話しかけてみる

## ひとりぼっちでもコミュニケーション能力は上げられる

たとえあなたのコミュニケーション能力が低いとしても、それは気にする必要はありません。ここまでで、その点は理解していただけたと思います。コミュ力が低くても友達はできるし、よい人間関係を選ぶことはできるのです。

そのことを理解したうえで、コミュニケーションのスキルを高めることができれば、より可能性を広げることができるでしょう。

では、内向的な人が、コミュニケーション能力を高めるにはどんな方法が適しているのでしょうか。


作家の名前をたくさん知っている人ほど、コミュニケーション能力が高い、という興味深いデータがあります。これはトロント大学の研究です。

この研究では、作家の名前をたくさん知っている＝日頃から読書に親しんでいる人ほど、対人反応性指標（共感の測定に使う指標）の点数が高いという結果が出ています。

**つまり、読書好きほど共感能力が高く、他人の心の状態を予測する、人の気持ちになって動く能力が高いということです。**

ちなみに、ここで言う読書というのは、小説を読むことを指します。小説には人の感情のゆらぎ、人と人との会話などが描かれています。これらを日頃から読み解いていることが、コミュニケーションのシミュレーションになっているというのです。

こうした効果を与えてくれるのは、小説だけではありません。良質な映画やテレビドラマ、ロールプレイングなどストーリー性の高いゲームなどにも同様の効果が認められています。

**つまり、人間が緻密に描かれた良質な物語に触れることが、コミュニケーション能力の訓練になるということです。**

考えてみると、中学生までいじめられっ子だった私は、同級生がみんなで遊んだりクラブ活動をしたりしている間、ファイナルファンタジーシリーズをはじめとするRPGに熱中していました。あの時間が、メンタリストとしての基礎の一部をつくってくれたのかもしれません。

「自分は読書が好きだけれど、コミュニケーション能力は高くないよ」と思う人もいるでしょう。たしかに、読書好きには一般に物静かなイメージがあります。あまりコミュニケーション能力が高いとは思えないかもしれません。

しかし、コミュニケーションスキルやソーシャルスキルが実は高いのに、ただ発揮できていないだけの人もいます。

いわゆる「コミュ力が低い」タイプを自認する人たちを2グループに分けて、社交スキルを測るテストをします。

一方のグループには、「これは社交スキルを測るテストです」と伝え、もう一方のグループには「これは一般常識のテストです」と説明します。すると、「一般常識のテスト」だと言われたグループのほうが得点が高くなります。それどころか、社交スキルに自信がある人に同じテストをした場合よりも平均点が高くなる、という結果が出るのです。

**つまり、コミュ力に自信がない人のなかには、思い込みで自分のコミュニケーション能力に枷をはめているだけの人もかなりいるということでしょう。**

内向的な人がコミュニケーション能力を高めたいなら、無理に明るく振る舞ったり、むやみにたくさんの人に話しかけたりする必要はありません。ひとりで読書をすることによってもコミュニケーション能力を高めることはできます。

それどころか、実はあなたはすでに高いコミュニケーション能力を持っていて、それを自分で封じてしまっているだけかもしれないのです。

**POINT**

**✕ コミュニケーション能力を高めるために、その手のセミナーを受講する**

**○ コミュニケーション能力を高めるために、好きな小説や映画、ゲームを楽しむ**

人間関係選択のポイント3

# 接触を増やし、自然に触れ、イベントを共有する

## 友達をつくるもっとも単純で効果的な方法

内向的であることが人間関係づくりにおいて必ずしもマイナスでないことは、これまでに述べてきたことで理解していただけたと思います。

とはいえ、内向的な人たちの多くが、現実に友達をつくることに苦手意識を感じていることは否定できません。

苦手意識を乗り越えるためには、正しい対処法をとればいいだけのことです。

内向的な人、内気な人が友達をつくる方法についても、心理学者や脳科学者たちはすでに一定の結論を出しています。これによると、やるべきことは次の3つにまとめることができます。

**なるべく多くの時間をその人と一緒に費やすこと。自然に触れること。イベントを共有することです。**順に説明していきましょう。

最初の「なるべく多くの時間をその人と一緒に費やすこと」については、単純接触効果という心理学用語を耳にしたことがあるかもしれません。

これは、会う回数、一緒にいる時間などが多くなるだけで、仲よくなってしまうという心理効果です。その名の通り単純で、私たちの実感にも合致しています。

実際、データを取ってみると、性格が合う、趣味が共通しているなどのファクターとは比べ物にならないくらい、ともに過ごす時間が人間関係を深めるためには役に立っていることがわかります。

また、単純接触効果は、簡単な行動によって引き起こせるのもありがたいところです。

たとえば、職場の人たちと仲よくなりたい場合。昼食は一人で食べず、誰かと一緒にランチに行くようにする。誰かが休憩に立ったら、一緒についていく。廊下ですれ違うたびに挨拶をする、といったことを実行すれば十分な効果があります。

もしも、仲よくなりたい特定の人がいる場合なら、その人と接触する機会を増やせばいいだけです。定時より1時間早く出勤してくる人なら、それに合わせて自分も早く出勤すればいいわけです。

他にも、挨拶を積極的にしたり、お菓子をおすそわけしたり、といったちょっとした接触を増やすのも有効でしょう。

内気な人は、このように接触機会を増やすこと自体をおっくうに感じたり、「迷惑がられないだろうか」と怖れたりしがちです。しかし、これは科学的な根拠にもとづく「内気な人が友達をつくる方法」の1つです。そのことを知っておくだけで、かなり行動しやすくなるはずです。

まずは、単純接触効果という単純かつ強力な武器をフル活用するようにしましょう。

## 自然のなかでは、誰もがいい人になる

明るい人、愛嬌のある人など、いわゆる「いい人」に分類される人は、人との関係を深めやすい傾向があります。特に、初対面とか、まだ知り合って間もないうちというのは、人当たりのよさが大きな武器になることもあるでしょう。

自分はそういうタイプでない、むしろ印象が悪くて損をしているタイプだ、という人でも、心配はありません。**そんな人に特におすすめなのが2つ目の方法、自然に触れることです。**

これは、カーネギーメロン大学の研究で明らかになった、「いい人」になるためのもっとも強力な手段です。

コミュニティのよりよい人間関係をつくるための要素のうち、自然との接触回数がなんと8%もの影響度を持っている、というのです。

8%というと、大したことはないと思われるかもしれません。しかし、収入や性別、年齢や教育レベルといった要素は、あわせても3%程度の影響力しかないのです。**つまり、個人の資質よりも、自然のなかで人間関係をつくることのほうがはるかに重要だというわけです。**

自然が豊かな地域では犯罪発生件数が少ないという傾向があるのも、自然に触れることがコミュニティを安定させる効果を物語っています。

おそらくこれは、自然の雄大さに触れることが人間の小ささ、弱さを自覚させることと関係しています。自然のなかだと、人は「助け合わなければ」という意識を持ちます。その結果として、近くにいる人と仲よくなりやすくなるというわけです。

自然環境がコミュニティ形成に役だっている例としては、たとえばイギリスのオックスフォード大学が挙げられます。

オックスフォードは広大な敷地を保有しています。そのキャンパスは、街のどまんなかに突然、牛や羊が放牧されている原っぱが出現するような環境です。日本にある大学のキャンパスと比べると、驚くほど自然が豊かなのです。

オックスフォードがこうしたキャンパスを構えているのは、それが研究者や学生のつながりを強め、知的に刺激し合ったり、コラボレーションが生まれやすくなったりすると知っているからでしょう。

また、多くのベンチャー企業を産み育てているアメリカ西海岸のシリコンバレーも、山や森に囲まれた自然豊かな場所です。

ある経営者は、なぜシリコンバレーのベンチャーは成功するのか、という問いに対して、「気候がよく、自然に囲まれたこの場所にいると、失敗してもいいと思うようになる。だから大胆にリスクを取れるし、成功しやすいのだ」と答えています。

こういう感覚が生まれるのは、起業家や技術者が助け合い、刺激し合うコミュニティが、豊かな自然のなかで培われているからこそです。

## 自然のなかでのイベントは最高のチャンス

自然に触れることの効果を、さらに高める方法があります。

**内気な人が友達をつくるための3つ目の方法と組み合わせるのです。それは、イベントを共有すること。**

一緒にどこかに出かけたり、みんなで何かをつくったり、遊んだりという非日常の活動は、人と人とを結びつけてくれます。それが、自然のなかで行われるとなると、さらに効果は高まります。

たとえば、みんなで海に出かけるとか、キャンプに行くといったイベントがあれば、それは友達をつくる最高のチャンスです。この手のイベントはめんどうだ、という人もいるとは思いますが、試しに参加してみる価値は十分にあります。

仲よくなりたい人を自分からイベントに誘えれば、なおいいでしょう。キャンプはハードルが高いとしても、郊外のバーベキュー場に出かけるくらいなら、ちょっと趣向の変わった飲み会や打ち上げという感じですから、さほど難しくないはずです。

また、つき合いは長いし、仲よくはしたいのだけれど、どうにもギクシャクしてしまう……という関係の人がいれば、お互いが素直になるための場としても最適です（もちろん、夫婦関係を改善するためにも役に立ちます）。

**POINT**

**× 職場のみんなでバーベキューをするらしい→めんどうなのでパス**

**○ 職場のみんなでバーベキューをするらしい→一度くらいは行ってみよう**

一緒にキャンプやバーベキューをしたい相手がいない、という人は、発想を変えてみましょう。自然と触れられるイベントで新しい出会いを探すのです。

トレッキングやバードウォッチングといったアウトドア活動のサークルやコミュニティはたくさんあります。検索すれば、近所で参加者を募っている団体が見つかるはずです。

音楽好きな人なら、離島や山奥で行われるフェスに出かければいいでしょう。

自然のなかでのイベントに参加することで、自分も相手も「いい人」になっている状態で知り合うことができるわけです。

人間関係選択のポイント４

# 「頼む」ことで人間関係を深める

## 頼みごとは断るより、引き受けるほうが心理的にラク

人間関係をスムーズにつくれる人の特徴として、頼みごとがうまいということがあります。

たいていの人は、他人に何かを頼むことに多かれ少なかれ抵抗を感じてしまいます。

何か人に頼みたいことがあっても、

「頼んだら迷惑じゃないか？」

「こんなことを頼むほどの関係ではないし」

「断られたら悲しいからな」

……といったことをつい考えてしまうのです。内向的な人は特にこうした発想になりがちです。

気持ちは理解できますが、これは間違っています。頼むことのハードルを過大評価しているのです。**実際には、もっと気軽に人に頼みごとをしていいし、頼むことで人間関係は深まるのですから。**

なぜそう言えるのか。それは、立場を逆にして考えればすぐにわかります。人からの頼みごとを断るときの心理的なハードルを想像してみてください。おそらく、断るハードルは頼むハードルよりもさらに高いはずです。

せっかく自分を頼ってくれたのに、力になれないのは申し訳がない気がします。断ろうとする自分は、心の狭い奴のように思えてきます。断ったとしても、しばらくは罪悪感や無力感で落ち込んでしまう自分も容易に想像できるでしょう。

それなら、自分にできることならやってあげたほうが気分がラクです。相手が感謝してくれたら気分がいいし、人の役に立てることは自信にもつながるでしょう。

つまり、頼みごとを断るというのはとても難しく、引き受けるほうがラクなことが多いのです。


たとえば、路上で見ず知らずの人に頼まれたアンケートでさえ、人はかなりの確率で引き受けてしまいます。スタンフォード大学のフランク・フラインらの実験を見てみましょう。

この実験では、5人にアンケートを答えてもらうまでに、何人に声をかける必要があるかを試しています。

実験の準備段階で、「何人に声をかける必要があると思いますか」というアンケートをとったところ、多くの人が「20人ぐらい」と予想しました。

けれども、実際に試してみると、平均して10人に声をかければ、5人の回答を得られるという結果が出ました。

みんなが思っているより、人は頼みごとを断れない、ということです。

頼みごとを断るのには、前述のような心理的な抵抗があります。それでも断るには、パワーがいるわけです。よほどコストのかかる頼みごとでない限り、断るときに費やす精神的コストのほうを人は高く評価し、引き受けるということです。

ということは、頼むほうからすれば、越えるべきハードルは意外に低いことになります。頼みごとというのは、思っているよりもはるかに受け入れられやすいのです。

頼みごとが上手な人は、このことを知っています。

また、他人を振り回す人、都合よく利用する人、図々しい人は、このことを知ったうえで悪用していると言えるでしょう。

内向的な人は、何かを頼むことで、その人との関係を深めるという方法を積極的に使っていくべきです。もちろん、他人を都合よく利用するような人になろうという意味ではありません。

**助けてほしいことがあったら、仲よくなりたい人を選んで頼みごとをしてみましょう。頼みごとをする、頼るということは、相手の能力に対する最高の賞賛です。**

助けてもらったら、大げさなくらいに感謝しましょう。

相手の役に立てそうなときは、惜しまずに手を貸しましょう。

そうすると、あくまでも対等な、持ちつ持たれつの関係ができるのです。

頼みごとをする、される、助け合うというのは良好な人間関係の基本です。怖れずに頼める人になれれば、人間関係は充実していきます。

**POINT**

**× 頼みごとは相手にとって迷惑**

**○ 頼みごとは相手に対する賞賛**

## 頼みごとを断られないためのコツ

そうは言っても、いきなり頼みごとをするときの心理的抵抗はすぐには消えないでしょう。特に、断られる怖さはなかなか乗り越えられない人が多いと思います。

そこで、頼みごとを引き受けてもらいやすくなるちょっとしたコツを覚えておくといいでしょう。イエスと言ってもらえる確率を2倍にする、簡単な方法があるのです。

それは、相手との共通点を探し、意識させるという方法です。共通点というのは、ごく些細なことで構いません。

たとえば、名前が似ている。自分がケンジなら、ケンイチという名前の人は頼みごとを引き受けてくれる可能性が高まります。

誕生日の一部が似ている、という程度でも同様の効果があることがわかっています。たとえば3月22日生まれの人なら、3月20日生まれの人はもちろんですが、8月22日生まれの人も狙い目ということです。

この程度の共通点ならば、おそらくどんな相手との間にも見つかるはずです。仲よくなりたい相手がいたら、会話をしながら共通点を探しておくといいでしょう。その共通点を話題にすると、親近感を高めてくれますし、ここぞというときの頼みごともしやすくなるわけです。

## 頼みごとの機会こそ、必要な人間関係かをチェックする

頼みごとは、相手との関係が健全なものかどうかをチェックするときにも利用できます。

知り合った相手から頼みごとをされたら、快く引き受けるのはいいことです。ただし、間をおかずにこちらからも必ず頼みごとをするようにしましょう。

そこで相手が引き受けてくれれば、「頼み合い」が成り立つ、健全な関係だということになります。頼んだり、頼まれたりしながら仲よくなっていけばいいでしょう。

逆に、相手が頼みごとを拒絶するようなら、注意が必要です。こちらが頼みごとを引き受けているのに、相手は引き受ける気がないとしたら、その人は一方的にあなたを利用しようとしているだけである可能性が高いでしょう。

こういう相手には、それ以上近づかないほうが賢明です。

第1章で言ったように、人間関係を維持できる上限は、せいぜい30～50人です。限られた枠に入れてもいい人かどうかを見極めるためにも、頼みごとを上手に活用しましょう。

人間関係選択のポイント5

# 素の自分でいられる相手を選ぶ

## その相手の前で、素の自分でいられるか

新たに人とつながったり、仲よくなりたい人との関係を深めたりするためには、ここまでに述べてきたような行動が必要です。多かれ少なかれ、これまでとは違う行動をとらなければいけません。

ここで注意しなければいけないのが、これまでと違うことをしようとがんばるあまり、自分を偽ってしまうこと。「素」の自分を見失ってしまうことです。

よく言われる「高校デビュー」とか「大学デビュー」のように、新しい人間関係をつくろうとして無理をしてしまう人がいます。張り切るのはいいのですが、ここで無理をしてしまうとかえってよくない結果を招きます。

**無理をして本来の自分と違うキャラクターを演じることは、心身に深刻な問題を生じさせます。**

たとえばテキサス大学の研究では、素の自分に反するキャラを演じ続けた学生ほど病気になりやすいことがわかっています。自分を偽っていると、自律神経のバランスが崩れ、免疫系が不調になります。これは非常にまずいことで、ガンなどの重大な病気の原因にもなりかねません。

そこまで行かなくても、ストレスから慢性的な頭痛や肩こり、不眠や慢性疲労を招きますし、鬱の発症率も跳ね上がります。

常に笑顔でいなければいけないキャビンアテンダントはハードな仕事です。なかでも、もともとのキャラクターがいわゆる「根暗」で、ニコニコと笑っているようなタイプでない人ほど体を壊しやすいというデータもあります。

自分を偽って、本来の自分と違うキャラクターを演じ続けるのはこれだけ過酷なことなのです。

そこで、新しい人間関係をつくっていくときには、くれぐれも素の自分でいられることを重視するようにしてください。自分を偽らずにつき合える相手を選んで仲よくなりましょう、ということです。

## 素の自分である遺伝的キャラクターを知る

ここで問題になるのが、そもそも素の自分とは何か、ということです。

人間関係においては、どんな人でもキャラクターを「演じる」ことはあるでしょう。時と場合によって性格が変わる多面性も、誰しも持っています。

では、そのなかで本来の自分の性格（キャラクター）はどれなのでしょうか。

まず理解しなければいけないことは、性格（キャラクター）にはいくつか種類がある、という心理学の考え方です。

1　遺伝的なキャラクター。人間の遺伝子には、性格を決める部分があります。そこに最初から書き込まれている性格です。

2　肉体が決めているキャラクター。体が大きい、小さい、体力がある、ない、持病の種類、といった身体的要素の影響によってできあがる性格です。

3　社会的なキャラクター。社会的な立場や役割に合わせた性格です。

4　目標達成するためのキャラクター。特定の目標を達成するために、一時的に演じる性格。いつもは尊大な人が、頼みごとをするときだけ腰が低くなる、といった場合です。

このうち、もっとも自分にとって無理がない、本来のキャラクターと言えるのは、1の遺伝的なキャラクターです。

たとえば、社会的なキャラクターとしては勤勉で野心的な社長でも、遺伝的キャラクターが内向的ならば、家でひとりで本を読んでいるのが本当は楽である、ということになります。

素の自分≒遺伝的なキャラクターだと思っておけば間違いないでしょう。

自分の遺伝的なキャラクターを知るために、一番確実な方法は、遺伝子検査をすることです。性格ばかりでなく、気をつけるべき病気などもわかる遺伝子検査はとても有益ですから、可能であれば受けてみることをおすすめします。性格を検査するのであればGenesis Healthcare社のGenelife Myself（https://goo.gl/BdRwA6）がおすすめです。

そこまではちょっと……という人なら、素の自分に近いキャラクターがわかる性格診断を利用するのがいいでしょう。

性格診断のテストはいくつもありますが、もっとも使いやすく、信頼性の高いものとして、ビッグファイブテストがおすすめです。

これは、人間の性格を開放性＝知的好奇心の強さ、誠実性＝まじめさ、外向性＝社交性や活動性の高さ、調和性＝他人にやさしいかどうか、神経症傾向＝不安や緊張の感じやすさという5つの要素で分析したものです。

Ｗｅｂ上でビッグファイブテストができるサービスは、簡易版も含めてたくさんありますから、検索してみるといいでしょう。

また、私が監修した「超性格分析」は、ビッグファイブ理論に基づく性格診断アプリですから、これもおすすめしておきます。iOS/Andoroidどちらの端末にも対応しています。

## 「この人とは合いそう」という直感を信じる

自分の性格は自分がよくわかっている、診断なんて必要ないと思う人もいるでしょう。**しかし、長く自分とつき合っているからこそ、本来のキャラクターとはかけはなれた性格――後天的に身についた社会的キャラクターを「素の自分」と思い込んでいる危険性も高いのです。**

無理のない自分を見極めるためには、客観的な診断をぜひとも利用するべきです。

ただし、もう一方では、あまりに考え過ぎないことも大事です。

知り合った相手が、なんとなくいい人だと感じられる。その人といると、妙に居心地がいい。また一緒に遊びたいと思う。

このように、直感的に「この人とは合いそうだ」という相手は、おそらくあなたが無理をせずにつき合える人です。そんな出会いがあったら、直感にしたがえばいいでしょう。

もしもその直感が間違っていたと気づいたら、そこから引き返せばいいだけです。

人間関係で失敗をゼロにすることはできません。失敗してダメージを受けても、そこから立ち直る方法も、また新たな出会いに向かって行動する方法も、すでに学んでいるのですから恐れることはありません。

## 第4章のまとめ

☑内向的だからといって、人間関係を広げ、深めるのに不利ということはない。ただし、正しい戦略をとることが重要

☑まずは、理想的な人間関係を求めるマキシマイザー戦略から、満足できる人間関係を目指すサティスファイサー戦略に転換しよう。「コミュニケーション能力」は幻想なので、気にしない

☑人と仲よくなりたいのなら、接触を増やし、自然のなかでのイベントを共有すること。頼みごとをするのも大事

☑素の自分でいられる相手とつき合うことが幸福につながる

第5章

# やっかいな人間関係をうまく処分する方法

最初の章で言ったように、振り回されない人になるためには、基本的にはめんどうな人にうまく対処しようとしてはいけません。

限られた時間とエネルギーは、大切な人、仲よくなりたい人のために使うべきであり、よい人間関係につながる新しい出会いのために使うべきです。やっかいな人、めんどうな人、イヤな人につき合っているのは時間の無駄です。

もちろん、現実にはそうした人々とも出会ってしまうことは避けられません。そこで無駄な時間とエネルギーを使わないために、唯一してもいい対処法は、処分すること。やっかいな人と二度とつき合わなくていいように、人間関係をカットすることです。

本章では、いらない人間関係を処分またはカットできるようになるための方法を伝授します。

といっても、人間関係をカットすること自体には、特別な方法は必要ありません。もうつき合いたくない相手とは距離をとって、誘いを断って、連絡もなるべくとらないようにし……という当たり前のことをすればいいだけです（職場など、顔を合わせないわけにはいかないタイプの人間関係だと多少めんどうなことはあると思いますが、それについても簡単な対策を本章で説明します）。

問題は、本当に人間関係をカットしていいのか、という不安や恐怖を乗り越えることと、人間関係を断固処分していく過程でのストレスへの対応でしょう。この点については、特に詳しく説明したいと思います。

というわけで、本章で伝授するノウハウの流れは、次のようになります。

**①相手の気持ちと自分の気持ちを切り離す**
**②二度とつき合わない決意と行動をとる**
**③イヤな人・思い出への対処法を身につける**
**④めんどうな人間関係をみずからつくり出さない**
**⑤自分の成長、進歩を意識する**

あなたを振り回す人間関係をバッサリ処分して、二度とわずらわされないために、ここで正しい行動を学んでください。

# 相手の気持ちと自分の気持ちを切り離す

## 相手の気持ちは、自分の問題ではない

ある人との人間関係をカットするということは、相手の期待に反する行動です。相手は、まだ関係を持続したいはずだからです。

関係を切ることで、相手の気持ちを裏切ることになってしまう。それは悪いことなのではないか……。切るべき人間関係を切れない人は、こういう思考にとらわれがちです。

そこで、自分の気持ちと相手の気持ちとを適切に切り離すことが必要になります。相手の気持ちを知ること、尊重することは、言うまでもなく共感の基本です。共感はよい人間関係をつくっていくうえで欠かせません。

一方で、自分の気持ちと相手の気持ちは別のものである、ということも忘れてはいけません。当然のことですが、自分の気持ちは自分の問題であり、相手の気持ちは相手の問題です。アドラー心理学的に言えば、自分の課題と相手の課題を分離しなくてはいけないのです。

相手の気持ちを尊重することはできますが、相手の気持ちを自分の問題だと思い込んではいけない、ということです。

もうこの人とはつき合いたくない、と思っているのに、相手はまだ関係を維持したがっている。ここで相手に合わせたら、振り回される関係が続くことになります。

相手の気持ちに巻き込まれて、自分だけが我慢を続けることになるのです。

POINT

×「相手に合わせないと悪い」という思考

○「自分だけが合わせるのはおかしい」という思考

他者の気持ちを尊重するというのは、お互いに尊重し合う関係のことです。自分だけが相手に合わせる必要はないのです。相手の気持ちは自分の問題ではないのですから。

## 無用な期待が人間関係を破綻させる

私も、以前はこの切り離しがうまくできませんでした。相手に期待されると、その期待に応えたいと思ってしまう。そして、相手の気持ちに合わせようとしてしまい、失敗することがよくありました。

たとえば、自分は必ずしも乗り気でない仕事でも、頼まれると引き受けてしまいます。そのときに、「この部分については、自分はこうしたいのですが」というように意見を伝えられれば、相手も歩み寄ってくれていい関係になっていたのかもしれません。

しかし、つい何も言わずに、なんとなく賛同してしまうのです。

自分の気持ちを伝えないでいると、相手はあなたも同じ気持ちだと期待してしまいます。期待するからこそ、あとであなたがその期待に応えられないとなると、裏切られたと感じるのです。

**相手の気持ちと自分の気持ちを切り離すことは、相手に間違った期待を抱かせないためにも大切なことです。**

**期待を抱かせなければ、自分も傷つかないし、相手を傷つけることもないわけです。**

POINT

×自己主張して、相手の気分を害することを恐れる

○自己主張せずに、相手に間違った期待をさせることを恐れる

この考え方は、人間関係をカットする場合以外でも大切です。長く良好な関係を築きたい相手と接するときにこそ、早い段階で自分の気持ちを伝えるように気をつけたいところです。それが、お互いに尊重し合い、歩み寄るよい関係につながるのです。

人間関係を処分するためのステップ2

# 二度とつき合わない決意と行動をとる

## なくなって困る人間関係はない

相手の気持ちと自分の気持ちを切り離すことで、人間関係を切ることに対する恐れや不安はかなり解消されるはずです。

あとは、二度とつき合わないという決意を持って、行動するだけです。

と言っても、面と向かって絶交を宣言する必要はありません（そうしたければ、してもいいのですが）。

誘われても断る。こちらからは連絡しない。向こうから連絡が来ても素っ気なく返す。めんどうなら返事をしない。自然に相手と疎遠になるように、行動を変えれば十分です。

実際に行動を変えてみると、人間関係をカットすることに対する怖れや不安がぶり返すこともあるでしょう。そんなときには、自分に言い聞かせましょう。「なくなって困る人間関係などない」と。

誤解を招きそうな表現ですが、これは何も人間関係を大切にするなと言っているわけではありません。何かがなくなれば、新しい何かが手に入る。ひとつのドアを閉じたら、どこかで新しいドアが開く。これが人間関係です。そもそも本当に大事な相手なら、迷うはずなどないのですから、処分しようか迷っている時点で、あなたの人生にとって必要不可欠な人間関係ではないのです。**どうしようか迷うような人間関係を処分し、その分、本当に大切な人と過ごすようにしましょう。**

ひとつの人間関係を処分することは、何かを失うことではなく、チャンスを手に入れることなのですから、怖れずに行動しましょう。

## 切りづらい人間関係には、別の人間関係を利用する

連絡を取らないようにする、誘われたら断る、といったやり方ではカットしづらい関係もなかにはあるでしょう。

同じ職場に勤めている人、学校の友達、あるいはご近所づき合いなど、顔を合わせないわけにはいかない関係です。

そういう場合は転職するなり引っ越すなりすればいい、という考え方もあります。私ならそうしますし、一番効果的な解決策だとも思います。ただ、多くの人にとっては実行しづらい方法でしょう。

こうした、物理的に切りにくい人間関係については、心理的な距離を遠ざける方法で処分しましょう。

ひとつは、切りたい相手が苦手とする人と仲よくなること。

やっかいな同僚のAさんを処分したいと思っているなら、Aさんが苦手とする別の

同僚、Bさんと仲よくなるのです。

Aさんからすれば、自分以外にも仲よくしている人がいるというだけでコントロールしにくいと感じます。しかも、仲よくしているのが苦手なBさんだとなると、なおさらめんどうです。**振り回すタイプの人というのは、つねに支配しやすい相手を探していますから、「めんどうだ」と思わせれば勝手に離れて行きます。**別の標的を探しにいくのです。

また、自分が苦手とする人（Aさん）が苦手とする人（Bさん）は、自分とは相性がいい可能性が高いので、仲よくなりやすいのもメリットです。


もう一つ、上下関係で使えるテクニックも紹介しておきましょう。

上司など目上の人で処分したい相手がいるなら、その人の首根っこを押さえている人と仲よくなること。ようは、もっと偉い人と仲よくなるのです。

私の経験で言うと、あるクライアント企業との仕事で不愉快な思いをすることが多かったのですが、その会社の筆頭株主と仲よくなった途端に扱いがガラリと変わりました。

会社内の人間関係ならもっと簡単で、めんどうな上司のその上司と仲よくなればいいのです。

といっても、偉い人に取り入って、権力を使ってイヤな相手をどうにかしてもらう、というような権謀術数を実行しろ、と言っているわけではありませんから、安心してください。

偉い人に特別かわいがられなくても、あれこれと相談したり、頻繁にアドバイスを求めたりして、しっかりとコミュニケーションを取れる関係をつくれれば十分です。「あいつは◯◯さんとよく話しているから、余計なことを言われたらめんどうだ」と思わせるだけで効果は十分あります。

**職場や地域など、切りにくい相手との関係では、別の誰かと仲よくなること。自分と相手の関係に、もうひとつの関係を入れることによって、相手に「こいつは支配しにくい」と思わせれば、心理的な距離を離すことができるのです。**

人間関係を処分するためのステップ❸

# イヤな人・思い出への対処法を身につける

## 12分で気分をリセットする究極の方法

人間関係を処分していく過程では、不愉快な思いをすることもあるかもしれません。こちらがカットしたい相手は、関係を維持したいと思っているわけですから、非難されたり、怒らせたりすることもありえるでしょう。

そういう出来事で受けるダメージを最小限にするための方法を、あらかじめ学んでおきましょう。

不愉快な目にあって気分が落ち込んだときの対処法として、一番手っ取り早く効果的なのは運動です。

なかでもおすすめなのは、ここでもウォーキングです。

第3章で紹介したように、ウォーキングを継続することはレジリエンスを高め、ストレスを乗り越えやすいメンタルをつくってくれます。それだけでなく、イヤなことがあってネガティブになった気分を手っ取り早くリセットしてくれる効果もあるのです。

わずか12分のウォーキングで幸福度が上がった、という研究データもありますから、即効性のある対策として活用しましょう。

腹が立っているときやイライラしているときには、もう少しハードな運動で発散したいときもあるかもしれません。そんなときにおすすめなのは、私もよくやる階段全力疾走です。文字通り、階段を全力で駆け上がるだけです。

階段はどこにでもありますから、いつでも場所を選ばずにできる、そして効果的な気分のリセット法です。

## イヤな記憶は徹底的に思い出すことが克服の近道

人間関係でトラブルがあったら、普通はそのことを早く忘れようとするでしょう。イヤなことはなるべく思い出さないようにすることで、ストレスから解放されようとするはずです。

しかし、心理学的に見ると、こうした対応は逆効果です。イヤな記憶は目を背けるとより強くなり、ストレスを高め、メンタルを悪化させてしまうのです。

では、どんな対応が正しいのでしょうか。**イヤな思いをしたあとは、その体験を事細かに思い出すように努力するべきです。それがストレスからのリカバリーを早くする方法なのです。**

イヤな記憶によってストレスを受ける人というのは、その記憶を繰り返し、繰り返し思い出してしまいます。これを反芻思考といって、鬱病の患者の思考の特徴でもあります。

反芻思考では、記憶のなかでも特に強い部分が思い出されます。人間関係のトラブルの記憶なら、なかでももっともイヤな思いをした部分――ひどい言葉で罵倒されたとか、相手の憎々しい表情といった部分を中心に思い出すのです。イヤな記憶のなかの、特に強烈な部分だけを濃縮したダイジェスト版のようなものです。

しかも、反芻思考は繰り返すほどに、より強烈な記憶だけを抽出して思い出すようになっていきます。こうして、不愉快な体験は実際以上に不愉快な記憶となり、これを繰り返し思い出すことがメンタルにダメージを与えるのです。

ネガティブな出来事をあえて事細かに思い出すというのは、この反芻思考の罠を回避するためのテクニックです。

記憶が鮮明なうちに、起きたことの細かいところまで思い出すようにすると、そのうち特に強烈な部分、特にイヤな部分だけを抽出・拡大して思い出すことがなくなります。

また、トラブルのなかでも悪くない部分（たとえば相手がこちらに気遣いを見せた場面もあったこと)、自分の対応のまずかった部分(たとえばきつい言い方をしてしまったこと)、トラブルが深刻化した環境的要因(ちょうど部署が忙しい時期だったなど)、といった多様な要素を思い出すことで、客観的に出来事を評価することができるようになります。**客観的になれるということは、それだけネガティブな記憶を自分から切り離すことができるということを意味します。**

テキサス大学での研究によれば、1日に20分間、自分のトラウマ体験を紙に書きなぐるというワークによって、わずか3日で鬱と不安の傾向が減少し、1ヵ月続けると血圧が下がって免疫力が向上するといった効果が現れたといいます。

これはまさに、ネガティブな記憶を事細かに思い出すことが客観性につながり、メンタルの改善に役立ったということでしょう。

つらいこと、イヤなこと、腹立たしい出来事を思い出したくないという気持ちは誰にでもあります。しかし、そうした出来事にうまく対処してメンタルを守るためには、あえて事細かく思い出すことが大切なのです。

人間関係でトラブルがあったら、記憶が鮮明なうちに、ディテールまで含めて、正確に詳しく思い出すようにしましょう。より客観性を高めるために、思い出しながら紙に書き出せばなおいいでしょう。
トラブルの記憶が脳内で勝手に編集・濃縮されて、メンタルに多大な害を及ぼすことを許してはいけません。

POINT

**×イヤなことがあったら、忘れようとする**
**○イヤなことがあったら、細かく思い出して書き出し、その紙を捨てる**

## うそのように気分が軽くなる脱フュージョン

人間関係でトラブルがあれば、ネガティブな感情が湧いてくることはしかたないことです。記憶に対する向き合い方を変えても、それだけで気分の落ち込みや怒り、イライラがまったくなくなるということはないでしょう。

ただ、その感情によるダメージはできるだけ避けなくてはいけません。

ネガティブな感情によってメンタルがダメージを受け、行動や思考に悪影響が出るのは、感情と自分が一体化してしまっているからです。

そこで、ネガティブな感情と自分を切り離す方法を覚えておくことも役に立ちます。それが、脱フュージョンというテクニックです。

先に言っておきますが、このテクニックはあまりにも単純です。「バカみたい」と感じる人もいるかもしれません。しかし、その効果は抜群なのです。

脱フュージョンにはいろいろなやり方がありますが、一番単純で使いやすいのは、自分の感情に100点満点で点数をつけること。

たとえば怒りなら、その極限、つまり100点満点の怒りとはどんな状態か考えてみましょう。おそらく、相手を殺すレベルということになると思います。

だとすると、たとえば通勤電車のなかで足を踏まれたときに感じる怒りは何点くらいでしょうか。まさか、足を踏まれたくらいで相手を殺そうとは思わないはずです。人によって違うでしょうが、足を踏まれた瞬間、カッとなったときでも、せいぜい40点くらいまでに収まるのではないでしょうか。

感情に点数をつけるためには、自分の感情を外から、客観的に観察しなくてはいけません。客観視することによって、感情と自分を切り離す。脱フュージョンの狙いはここにあります。

怒りばかりでなく、悲しみにも怖れにも自己嫌悪にも、このテクニックは使うことができます。

おもしろいのは、時間がたってから改めてその感情を思い出し、もう一度点数をつけてみると、点数が下がることです。これは、自分と感情との距離をさらに離せたことを意味します。

もう1つのやり方は、感情を擬人化することです。ディズニー映画『インサイド・

ヘッド』では、喜怒哀楽の感情がキャラクター化されていたことを思い出してください。あのイメージで、自分のなかに生まれた怒り、悲しみ、怖れなどなどの感情を擬人化し、名前をつけてみましょう。

たとえば、怒りの感情に「ボブ」と名づけたなら、怒りがわいてきたときには「ああ、またボブが暴れている」と考えるのです。

このように、自分の感情を擬人化し、別の人格として扱うことによって、感情を自分から切り離すわけです。

感情に名前をつけるなんてバカバカしい、あるいは恥ずかしいという人なら、もっと単純な方法もあります。怒りや悲しみなどのネガティブな感情が出てくるたびに、「ご苦労さん」と声をかけるというやり方です。これだけでも、感情を擬人化して自分から切り離すことは可能です。

それでもわざとらしくてイヤだ、という人なら、「語尾を伸ばすだけ」という究極にシンプルな方法もあります。たとえばいらだちを感じたら、「イライラする〜〜」と語尾を伸ばして感情を口に出してみるのです。

きわめてバカバカしいやり方ですし、実際にやってみると、思わず笑ってしまうでしょう。それでいいのです。笑ったり、「何をしてるんだ、俺は?」と思った時点で、いらだちという感情と自分とはすでに切り離されています。

ある種のバカバカしさがともなう(だからこそ、感情を突き放してみる効果がある)のは脱フュージョンの特徴です。とはいえ、なかにはどうしてもバカバカしいことはやりたくないという人もいると思います。そんな人には、やや手間はかかりますが、比較的クールな脱フュージョン手法も紹介しておきましょう。ネガティブな感情がわいてきたら、その感情の理由をひたすら自問自答していく方法です。

イライラしてきた。↓「なぜイライラしているのか?」↓「Aさんに○○と言われたから」↓「なぜAさんに○○と言われたのか?」↓「自分が××したから」↓「なぜ××したのか?」↓……と、次々に理由を考えていくうちに、はじめに感じたいらだちという感情はどこか遠くに行ってしまいます。

また、空を流れている雲の上に自分の感情を置く、ネガティブな感情を箱のなかにしまって捨ててしまう、といったイメージを頭のなかで描く方法もあります。私自身はあまりこういうイメージが得意ではないので実践していませんが、このやり方がピタリとハマる人もいるでしょう。

いずれにしても、脱フュージョンは認知行動療法の一環として工夫され、臨床で効果が立証されている方法です。うまく活用することをおすすめします。

**何より大事なのは、脱フュージョンを試していく過程で、「ネガティブな感情はそう長く続くものではないんだな」という実感を得ること。**

もちろん、喜びや愛情といったポジティブな感情でも同じことですが、感情というのはしょせん長続きしないものなのです。そのことに気づけるだけでも、ネガティブな感情への対応はかなりラクになるはずです。

人間関係を処分するためのステップ4

# めんどうな人間関係をみずからつくり出さない

せっかく人間関係を処分できても、まためんどうな人間関係をつくってしまっては意味がありません。

時にめんどうな人、やっかいな人に出会ってしまうのは仕方のないことですし、その場合にはまた処分をすればいいだけです。それとは別に、ごく普通の関係だったはずなのに、自分の行動が原因で、やっかいな事態になってしまうこともあります。つまり、自分でめんどうな人間関係をつくり出してしまうのです。これはできるかぎり避けたいところです。

そのために気をつけたいのが、自己表現の仕方、あるいは自分の印象の管理です。

ようするに、「うざい人」「空気が読めない人」「一言多い人」という印象を与えないように、話すときにちょっとした注意をすればいいのです。

具体的には、他人に悪い印象を与えがちな人が犯しやすい自己表現上のミスをいくつか類型化して覚えておくのが有効です。

ここでは、バックハンドコンプリメント、ハンブルブラッキング、ヒポクラシー、ハブリスという4パターンを紹介しておきます。

## 1　バックハンドコンプリメント

コンプリメントとは褒め言葉のことです。普通に相手を褒めるのはよいことなのですが、それを「バックハンド」でやってしまうのはいけません。

では、バックハンドの褒め言葉とは何か。日本語で言うと「見え透いたお世辞」「褒めすぎ」という感じに近いでしょうか。

たとえば、誰かがちょっと英語を使っただけで、「お上手ですね。まるでネイティブみたい」と褒める。相手は「嫌味かよ」と感じるでしょう。

よかれと思ってのことであっても、褒めすぎることはかえって悪い印象を与えます。人によっては、「こんな見え透いたお世辞を言って、何が狙いだ?」と疑念を抱くかもしれません。

## 2 ハンブルブラッキング

これは、謙遜に見せかけた自慢です。

奇跡的にきれいに撮れた自撮りを「すっぴんだからすごい不細工」というコメントとともにインスタグラムにアップするのは典型的なハンブルブラッキングです。

スタイルを褒められて「そんなことないよ、最近太っちゃって」という人や、「全然できなかった」と言いながらテストで高得点を取る人もこれです。

謙遜に見せかけた遠回しな自慢は、相手をいらだたせます。

時には自慢をしたくなることもあるでしょうが、そんなときには下手に謙遜したりすることなく、ストレートに自慢したほうが印象はよくなります。

その際のポイントは、他人と比べて自分のほうが優れているとか、普通の人より自分のほうが上だという言い方はしないこと。過去の自分と比べていまの自分が優れている、成長した、という言い方をすることです。

自撮りをアップするなら、「通常時の自分の3倍かわいい！」というコメントをつければいい、というわけです。

**3　ヒポクラシー**

偽善。言っていることとやっていることが違う、ということです。

「いつも感謝の気持ちを忘れないようにしよう」と言っている人が、店員さんのちょっとしたミスで切れていたら、「なんだこの人は」と失笑され、不信感を持たれるのは当然です。

**4　ハブリス**

ハブリスは、直訳すると「傲慢」とか「ごうつくばり」といった意味です。

ハンブルブラッキングのところでも少し触れましたが、すぐに他人と比較して、自分のほうがすごい、という言い方をしがちな人を指します。

こういう態度をいつもとっていると、「感じの悪い人だな」という印象を周囲に与えます。当然、反感を買いますし、そうなると周囲がみな敵のように見えてくるかもしれません。

人間関係に恵まれていない、まわりに敵しかいない、と感じるとしたら、自分の自己表現、印象管理に問題があるのかもしれない、と考えてみることも必要です。

ハブリスについては、他人の印象を悪くするだけでなく、自分のマインドに与える悪影響にも要注意です。他人との比較ばかりしていると、自分のほうが下だったら惨めになりますし、自分のほうが上だと安心してしまうからです。

他人と比較せず、過去の自分と比較する、という考え方は、次のステップでも活用します。

人間関係を処分するためのステップ 5

# 自分の成長、進歩を意識する

## 他人の価値観に振り回されない方法

自分はどんな人とつき合いたいのか、どんな人間関係を望んでいるのか――がはっきりしている人は、そもそも人間関係で振り回されることはありません。

いらない人間関係を処分するときにも、あくまで自分の価値観で判断できますから、相手にどう思われるかとか、まわりからどう見えるだろうといったことを気にせず、決断し行動することができます。

もちろん、多くの人は最初からそうできるわけではありません。人間関係を処分していく過程では、他人の価値観に引きずられそうになったり、まわりの目が気になって決意が揺らいだり、ということがあるはずです。

これを乗り越えて、あくまでも自分の価値観、基準で人間関係を選べるようになりましょう。

では、どうすれば自分の価値観、基準を持つことができるでしょうか。それは、他人と比較するのをやめることです。

**すぐに他人と比べる人は、自ら他人の価値観に引きずられに行く人であり、振り回される人間関係に飛び込んで行くようなものです。**

考えてみてください。

「友達が少ないのは恥ずかしい」とか、「あの人は自分より友達が多くてうらやましい」とか、「自分もAさんのように起業家の知り合いがほしい」といった考え方をしている人は、いい人間関係に恵まれるでしょうか。そうではないはずです。世間体を気にして不本意なつき合いを続けたり、めんどうな人につけ込まれてしまったりするでしょう。

他人と比較し、他人の価値観に引きずられている人は、人間関係を処分したとしても、また別のろくでもない人間関係を引き寄せてしまうのです。

**他人と比べないようになるための方法は簡単です。過去の自分といまの自分を比べる習慣をつければいいのです。**

具体的な行動としては、「昨日の自分より今日の自分はどこが成長したのか」を毎日手帳や日記に書きとめてみましょう。どんなことでもかまいません。

たとえば、昨日よりもたくさん本が読めた。昨日より集中して読書に没頭できた。昨日よりも早く起きられた。昨日よりは寝坊してしまったけれど、それでも手早く朝食を用意して食べてから出かけられた……など。なんでもいいので、昨日の自分よりもよくなったことを探しましょう。

昨日より自分が進歩したことというのは、考えればいくらでも見つかります。運動や勉強などの日課がある人は、その時間や内容を記録して、日々の進歩を確認していくのもいいでしょう。

もちろん、人間関係における成長、進歩に着目するのもいいでしょう。今日はこんな人と出会えた、今日は○○さんに声をかけることができた、××さんと飲みに行く約束をした……といったことを記録していくわけです。

POINT

✕ **自分は人に比べて友達が少ないことをいつも気にしている**

○ **友達をつくるために、今日は何に挑戦できたかをいつも意識している**

他人と比べるのではなく、過去の自分との比較で自分の成長を感じる習慣がつくと、他人の価値観に引きずられなくなります。他人が持っているものをほしがったり、他人がよいと思うものを求めたりするのではなく、自分は何がほしいのか、自分は何がしたいのかを基準に行動できるようになります。

そうなれば人間関係を処分することにストレスを感じなくなりますし、そもそも、処分しなければいけないような人間関係に巻き込まれることもなくなるのです。

## 第5章のまとめ

- ☑いらない人間関係は、対処するのではなく処分する。めんどうな人とは、二度とつき合わなくていいように関係をカットしよう
- ☑人間関係のストレスに対応するにも、運動をしよう。イヤな記憶、ネガティブな感情を客観化するテクニックを身につけるのも効果的
- ☑自分でめんどうな人間関係をつくりだしていないか、少しだけ注意してみよう
- ☑自分の価値観を確立し、行動の基準とすれば、もう人間関係で振り回されることはない

# 第6章

# あなたを幸せにする30人の友人

ここまでの章で、人間関係をいかに選ぶか、どうすれば人間関係を選べる人になれるか、についてはくわしく説明してきました。

第1章で述べたように、人間関係で振り回されない人とは、めんどうな人間関係にうまく対処できる人ではありません。そもそも振り回されるような人間関係を持たない人、つまり人間関係を自分で選べる人です。

そして、他人に選ばれる人間関係を生きるのではなく、自分で人間関係を選べるようになることで、健康や経済面などでどれほどのメリットがあるかは第2章で説明しました。

また、人間関係を選べるようになるためには、それにふさわしいメンタルをつくることが必要であり、その方法論を第3章で説明しています。そのうえで、第4章では実際に人間関係をつくっていくノウハウを、特に読者のなかに多いであろう内向的な人のための友達のつくり方として紹介しています。振り回される人間関係を処分する方法も、第5章でくわしく説明しました。

すでに、あなたは人間関係を選択するための方法をすべて学んだということになります。

第6章では、自分で選択したよりよい人間関係をどのように生かすかについて説明したいと思います。

いい人間関係を手に入れたら、そこに集中することで、より幸福な人生を送ることを目指しましょう。

そこで改めて注目したいのが、第1章で紹介した、人間関係を維持できる上限――人はせいぜい30～50人くらいの人間関係しか維持できない、ということです。

## スマホの「よく使う項目」に30人を登録する

第1章では、人間関係を維持できる人数の理論的限界としてダンバー数＝150人を紹介しました。

そのうえで、現実的には30～50人くらいを限界だと考えるべきである、ということも述べました。実際にはもっと多くの人と関わるのは当然ですが、そのなかで本当に大事な人間関係は30人から50人くらいに絞るべきです。

この重要な人間関係に集中するための方法としてぜひ実践してほしいことがあります。スマホの電話帳機能を使って、ごく簡単なリストをつくることです。

たとえばiPhoneの電話帳には、「よく使う項目」という機能があります。連絡をとることの多い人をこのリスト登録しておくと、スムーズに電話をかけられるという機能です。

この「よく使う項目」に、自分が積極的に連絡を取りたいと思う30人――つまり、重要な人間関係を登録しておきましょう。

そして、ちょっと時間ができたときには、このなかから会いたい人、話をしたい人を選んで連絡します。これだけのことで、重要な人間関係を維持することができるのです。

30件くらいなら、たいした分量にはなりません。これが100件のリストとなると、なかなか全部を見わたすことが難しいですし、「埋もれる」項目も出てきます。つまり、一覧できるリストとして機能しなくなってしまいます。おそらく、50件でも厳しいでしょう。30件は、リストとして活用できる限界だと考えてください。

ここではiPhoneの「よく使う項目」を使うやり方を説明しましたが、iPhone以外を使っている人なら、電話帳機能で同様の30人分のリストをつくればOKです。

# リソースを投入すべき人間関係を常に意識する

重要な人間関係を維持し、活用するための方法が、電話帳にリストをつくること——そう言われると、あまりに単純すぎて拍子抜けするかもしれません。

しかし、たったこれだけのことで、日々の人とのつき合い方は大きく変わります。

たとえば、「ちょっと飲みに行かない？」と誘われて、「どうしようかな」と迷ったとき、このリストを見てみましょう。

すると、「あの人と飲みに行って2時間を使うなら、この30人のなかから誰かを誘ってみるほうがいい」と思うはずです。自分から積極的に連絡したい人だけを選んだリストなのですから、当然です。

そうなると、迷う程度の飲み会なら簡単に断れるモチベーションが生まれますし、本当に大切にしたい人に連絡するきっかけになります。

私も、「ＩＴ関係の人で、ちょっと紹介したい人がいるからおいでよ」といった誘いを受けることはよくあります。ちょうどＩＴ系の企業とコラボレーションしたい企画を考えていたときだったりすると、瞬間的に心が動かないわけではありません。以前だったら、すぐに誘いを受けていたでしょう。

しかし、ここで30人のリストを見ると、別の考え方ができるようになります。

紹介してくれると言っても、どんな人に会わせてくれるかはわかりません。下手をすると、自称経営者の怪しい人物に引き会わされるかもしれません。そもそも、誘ってくれた人ともさほど親しくはないので、どんな集まりなのかの予想もつきません。

一方、リストを見てみると、信頼できる友人で、ＩＴ業界に有力な人脈を持っていそうな人が見つかります。どうせ時間を使うなら、この友人に頼んで信頼できる人を紹介してもらったほうがいい。よし、今回の誘いは断って、友人に連絡してみよう――たとえばですが、こんなふうに考えて行動のきっかけにできるわけです。

**ここまでに紹介してきたメソッドを使って、いい人間関係を選べるようになるほど、あなたは幸福になり、また魅力的な人になっていきます。**そうなると、あまり親しくない人から誘われることも増えるでしょう。もちろん、そのなかにはこれから親しくなる人もいるでしょうし、いい出会いのチャンスになる誘いも含まれているはずです。

だからといって、なんとなく誘いに乗っていたら、限りなく時間と労力を浪費することになります。断るのが苦手な人は、特にそうなってしまう危険性が高いと言えるでしょう。

そんなときに、時間の使い方の「代替案」を持っていることは重要です。すなわち、「この誘いに乗るよりも、他に時間と労力を注ぐべき人間関係があるのではないか」と思いとどまれること。そのためのツールとなるのが、重要な30人のリストなのです。

誘われたときだけでなく、頼みごとをされたときも同様に考えましょう。

「この人の頼みを聞くぐらいなら、他に助けるべき人がいるんじゃないか」という目で、30人のリストを見てみるのです。

どうせ時間と労力を使うのなら、自分にとって大切な人のために使うほうがいいに決まっています。重要な人間関係にリソースを投入すべし、というのは当たり前の原則ですが、それを忘れずに実行するために、このリストは役に立つわけです。

## 「弱い紐帯」理論の本当の意味

リストアップされた重要な人間関係に集中することは、実は、新しい人間関係を広げるためにも役に立ちます。

ビジネス書などでよく紹介されている「弱い紐帯《ちゅうたい》」理論というのがあります。価値ある情報やチャンスは、親しい友人や会社の同僚といった強いつながりのある人ではなく、むしろ一度会って名刺交換した程度の知り合いや、知人の知人といった弱いつながりのある人物からもたらされる。スタンフォード大学の社会学者、マーク・グラノヴェッター教授が提唱した仮説です。

この理論の応用として、ビジネス書では人脈を広げましょう、いろいろな人と会って名刺交換をしましょう、それが人生を変えるようなチャンスをもたらしてくれるかもしれません……といったノウハウが語られるわけです。

しかし、この理論は、私たちの実感とはちょっと乖離しているように思えます。

たとえば、異業種交流会とか、「おもしろい人が集まるんだよ」と称する飲み会に出かけて行ってたくさんの人と知り合ったとして、そこから実際にチャンスが生まれたことがあるでしょうか？

あるいは、あなたが転職したいとして、新しい仕事を紹介してくれそうな「弱い紐帯」はあるでしょうか？

おそらく、そこまで「弱い紐帯」が威力を発揮する、あるいはした例は思いつかないのではないでしょうか。

私も、「弱い紐帯」理論にしたがって、人脈を広げようとしたことがありました。いままで全然なじみのなかった場所に出かけたり、知り合い程度の人が誘ってくれた飲み会に出かけたりして、たくさんの人と知り合い、「弱い紐帯」を増やしてみたのです。

しかし、やはりそういう関係からは何も生まれませんでした。人生を変えてくれるようなチャンスも、貴重な情報も手に入らなかったのです。

では、「弱い紐帯」理論は間違っているのでしょうか。おそらく、そうではありません。私が「弱い紐帯」を増やしていくなかで気づいたことは、結局、「強い紐帯」につながっている「弱い紐帯」でなければ意味はない、ということです。

すなわち、先ほど電話帳に登録したリストの30人を通じてつながっている「弱い紐帯」が役に立つのです。

考えてみてください。

同じ「知り合いの知り合い」でも、単なる知り合いでしかない関係の人のそのまた知り合い、という人と、30人のリストの1人の知り合いとでは、まったく質が違います。

自分にとって重要な30人のうちの1人が、あなたに知り合いを紹介してくれるとしたら、それはあなたのことをよくわかっている人が、あなたにふさわしい人をフィルタリングしたうえで紹介してくれる知り合いです。

つまり、あなたにとってより重要な情報を持っている可能性が高く、あなたの人生を変えるようなチャンスをもたらす可能性が高い「弱い紐帯」なのです。

「弱い紐帯」理論は、決して間違っているわけでもなければ、役に立たないわけでもありません。「弱い紐帯」から情報やチャンスを手に入れるためには、その質を重視すること——自分にとって重要な人間関係につながる「弱い紐帯」に注目することがポイントなのです。

あまり親しくない人に誘われて出かけたり、異業種交流会に出かけたりするくらいなら、電話帳のリストに入っている30人に連絡を取ってみること。その人たちと一緒に過ごす時間を増やしたほうがいいわけです。

**POINT**

**× チャンスは、幅広い人脈によってもたらされる**

**○ チャンスは、ごく少数のよく知っている人を通じてもたらされる**

# 人生のチャンスをもたらす1000人の人たち

「あなたを幸せにしてくれるのは、あなたのまわりの50人である」

華僑のなかでも特に経済的に成功している富豪民族、客家にはこんな言葉があると第1章で紹介しました。

**30人分のリストをつくってそこに含まれる人との人間関係に集中する、というのは、まさに自分のまわりの限られた人との関係によって幸福をつかもう、というアプローチです。**

その客家の教えには、こんな言葉もあります。

「信頼関係にない相手にうまい話をするバカはいない」

それはそうだろう、当たり前じゃないか、と誰もが思うでしょう。うまい話というのはそうそうあるものではありません。うまい話は独り占めしようとするがめつい人ばかりではないにしても、どうせ分け合うのなら信頼できる相手と、と考えるのが自然です。

逆に、大して親しくもないのに「うまい話があるよ」と持ちかけてくる人は、まず間違いなく詐欺師やペテン師の類だろう、と判断すると思います。

このことを踏まえると、先ほどの「弱い紐帯」の質が重要、という話もさらにわかりやすくなります。

あなたと信頼関係がある30人のリストに入っているAさんは、うまい話を持ってきてくれる可能性があります。Aさんと信頼関係があるBさんは、あなたと直接の知り合いではないので「弱い紐帯」です。しかし、Bさんは信頼関係があるAさんにはうまい話を持っていくことがあるでしょう。そして、Aさんはその話があなたにとって有益だと思えば、教えてくれるでしょう。あるいは、Bさんに紹介してくれるかもしれません。

もう一度、当たり前の原則を確認しておきましょう。信頼関係にない相手に、うまい話を持っていくバカはいません。

**「弱い紐帯」からチャンスを得るためには、自分のまわりの強い紐帯を活用しなければいけません。**

あなたにとっての「強い紐帯」であるリストに入っている30人が、それぞれに持っている30～50人の重要な人間関係を合わせると、900～1500人くらいです。

とりあえず重複は考えないとして、この範囲が、人生が変わるような大きなチャンスをもたらしてくれる「弱い紐帯」ということになります。

# なぜこの人とつき合いたいのか、常に理由を明確にする

やってみるとわかりますが、わずか30人の人間関係を維持するのも、決して簡単なことではありません。

私と同じように、本当はひとりで本を読んだり、ゲームをしたり、猫と遊んだりするほうが好きだ……という人は、なおさらそうでしょう。30人ということは、単純に考えて、1日に1人と会うとしても1ヵ月かかるのですから。

「重要な人間関係と言われると、30人もリストアップするのはむずかしい」という人もいるかと思います。

となると、「自分のリストは、30人ではなくて、20人とか10人でいいや」と考えるかもしれません。それでもいけないことはありませんが、リストの人数が減るほど、

その人選はシビアになる、ということだけは注意してください。

つき合う人数が少なくなればなるほど、1人が自分の人生に与える影響は大きくなります。もしも10人だけを重要な人間関係として選ぶとしたら、よほど上手につき合う相手を選ばないと、そこから十分な幸福感を得たり、チャンスを手に入れることはできないでしょう。

また、つき合う相手をシビアに選ぶとなると、第4章で述べた「よりよい友だち」「最高の友人」を求めてしまう罠にはまりやすくなるというリスクもあります。

だからと言って、無理に30人をリストアップしようとして、どうでもいい相手とつき合ってしまっては本末転倒です。

そこで、最初から30人をリストアップできない場合は、無理にリストを埋めようとせず、第4章で述べた方法を実践して徐々にリストアップできる人を増やしていくのがいいでしょう。30人の枠を少しずつ埋めていくのです。

**最初から30人をリストアップできる人にも、徐々にリストを埋めていく人にもぜひ**

**実践してほしいのが、「その人とつき合う理由」を意識することです。**電話帳には項目ごとにメモ欄がありますから、そこに「なぜ、この人とつき合うのか」を簡単に書いておきましょう。

たとえば、「おもしろい人を紹介してくれるから」「自分にない○○のスキルを持っているから」といったことです。

もちろん、こうしたわかりやすい実利をもたらす人としかつき合ってはいけない、というわけではありません。ビジネス上のパートナーならともかく、友人は損得でつき合っているわけではないことがほとんどだと思います。

そういう場合は、「一緒にいるとなんとなく楽しい」「バカ話の最高のパートナー」「ときどき声を聞きたくなるから」といった理由を書いておけばいいのです。それだって立派につき合う理由にはなります。

「この人とはなぜつき合うのか」を明確にするクセをつけておくと、30人のリストの質は高まっていきます。また、自分にはどんな人間関係が足りないのか、も見えてきやすくなります。

## 第6章のまとめ

☑積極的に連絡を取りたい30人を電話帳の「よく使う項目」に登録する。これが、リソースを割くべき重要な人間関係である

☑「弱い紐帯」理論の実践的な意味を理解しよう。チャンスをもたらす「弱い紐帯」は「強い紐帯」の先にある

☑「この人となぜつき合うのか」を意識し、30人のリストを充実させよう

特別付録

# 人間関係を選び、幸福に生きるための8週間ワーク

本書では、6章にわたって、人間関係を選ぶことの重要性、みずから人間関係を選べるようになるための方法について説明してきました。

すでにあなたは、振り回される人間関係を脱し、幸福な人間関係を手に入れるための方法を知っているわけです。あとは、いかにその方法を実践するかです。

そこで、最後に特別付録として、本書のノウハウを実践するための具体的なスケジュールとワークを提案しておきましょう。

期間は8週間。これを2週間ずつ4つのフェイズに分け、ワークを積み重ねていくことで、あなたの人間関係は変わります。

なお、このワークのメニューは、レジリエンスと共感能力のトレーニングを継続していることが前提となります。8週間のワークの各段階でやるべきことのほかに、第3章で紹介したトレーニングも少しずつ続けるようにしてください。

この本で学んだことを実行に移すためのヒントとして、以下のワークを活用してほしいと思います。

# 第1フェイズ（第1週〜第2週）

## コーピングリストをつくる

人間関係を選択するには、判断力が必要です。判断力が正しく働いていない状態で選んだ人間関係は、決して幸福をもたらさないのは当然です。

問題は、ストレスがかかっている状態では判断力が低下してしまうこと。振り回される人間関係でストレスにさらされている人は、その状況を変えるための選択をしようにも、前提となる判断力が鈍ってしまっている可能性が高いのです。

そこで、判断力を取り戻すために、まずはストレスに対処する必要があります。そのための道具をリストアップするのが最初の2週間です。

心理学では、ストレスに対処するさまざまな方法のことをコーピングと呼びます。自分なりのコーピングのリストをつくっていきましょう。

コーピングは、基本的には自分でストレス解消効果があると感じられることならなんでもかまいません。以下に具体例を挙げていきます。

・読書は、共感能力のトレーニングであるとともに、ストレス解消でもあります。ミネソタ大学の研究によれば、1日30分のフィクションの読書でストレスは68％カットできるという結果が出ています。

・お茶を飲む、というのも手軽で効果的なコーピングです。緑茶に多く含まれるテアニンにはリラックス効果があることが知られています。

・チョコレートに含まれるポリフェノールもストレスホルモンを低減させる効果がありますし、マンゴーに入っているリナロールの抗ストレス作用も立証されています。

これらを食事や間食でとるのもいいでしょう。

・アルギニン、リジン、アシュワガンダ、ロディオラといったサプリメントやハーブもストレスには効果的です。筋肉の発達を促すことで知られるクレアチンは、コルチゾールの分泌を下げる効果もありますから、筋トレ好きな人にとっては一石二鳥のサプリメントです。ラベンダーオイルなどのアロマオイルは、嗅覚を通じてストレスを軽減してくれます。

・好きな音楽を聴くのはストレス解消法の定番ですが、実際に血圧や心拍数を下げることがわかっています。

・暴力的なゲームで遊ぶとスカッとするという人もいるでしょう。実はこれも、科学的に効果が認められている立派なコーピングです。荒っぽいゲームは苦手という人なら、パズルを解くのがおすすめです。特に、難易度の高いパズルは脳のワーキングメモリを使うため、相対的にストレス要因の影響が少なくなるとされています。

・どこでもできる手軽なコーピングとしては、5分程度の一人の時間をつくる、ガムを噛む、あるいは背筋を伸ばすだけでもストレスは軽減されます。

・運動や昼寝、瞑想、呼吸法などの効果については、改めて言うまでもないでしょう。

・第5章で紹介した脱フュージョンも、ストレス対策としてあらためて推奨しておきます。

ここまで紹介してきたのは科学的な根拠のあるコーピングばかりですが、たとえエビデンスはなくても、自分で「これをやるとストレスに効く」と感じる行動があるのなら、リストに加えてしまいましょう。

コーピングリストづくりのポイントは、とにかく多くの方法をリストアップしておくこと。どんなに効果的なコーピングでも、実践できない状況では役に立ちません。たとえば、仕事中にアロマオイルをたらした風呂に入るわけにはいかないでしょう。

運動が好きな人でも、ストレスに疲れが重なったときには体を動かす気力もわいてこないかもしれません。

**どんな状況でも、なんらかのストレス対処ができるようにするためには、多くのコーピングをリストアップしておくことが必要なのです。**

ただし、科学的に逆効果であることが証明されているものだけは避けましょう。たとえば、むしゃくしゃしたときに枕を殴ったり、大声で叫んだりするのは怒りを強めるだけだという研究があります。

また、メンタルを改善する方法として、自己啓発本ではおなじみのポジティブシンキングにも要注意です。**もともとポジティブな人はいいのですが、最近の研究によれば、無理にポジティブに考えたり振る舞ったりすることはメンタルを悪化させることがわかっています。**脱フュージョンのように、自分のネガティブな感情と向き合うほうが得策です。

## 第2フェイズ（第3週～第4週）

### 「1日再構成法」でスケジュールを整理する

2週間かけてコーピングリストをつくり、ストレス対策の準備ができたら、いよいよ人間関係の整理に着手しましょう。

といっても、いきなりストレスのかかるチャレンジをするわけではないので、心配しないでください。

ここでは、1日再構成法と呼ばれる心理学の実験手法（その簡易版）をツールとして、人間関係をスケジュール（何を）と人（誰と）の2段階で刈り込んでいきます。

1日再構成法というのは、日々の自分の行動を記録することで、自分が本当に幸福になれる行動は何かを明らかにするという方法です。

本来は、1日のあらゆる行動を専用のワークシートに記録し、「快楽」と「やりがい」

で評価するのですが、ここでは、スケジュール表（紙の手帳でも、アプリでもかまいません）を使います。
具体的にやることは、次の二段階です。

①スケジュールの整理
②つき合う人の整理

この第2フェイズでは、①のスケジュールの整理を行います。

やり方は簡単です。
スケジュール帳に予定を記入する際に、その予定の満足度を予想し、10点満点で書き添えるのです。

「Aさんと食事 7」

というようにです。ここまでがスケジュールを書き込む際の作業です。

次にやるのは、事後の評価です。スケジュールを実行したあとに、改めて実際の満足度を判定して、前に予想した数値のあとに書き足すのです。

「Aさんと食事　7→3」

実際にこれをやってみると、ある予定に対する事前の評価と、事後の評価はかなりかけ離れていることが多くて驚くはずです。

私の場合で言うと、「京都で○○氏と食事会」といった遠出をする予定は、事前には「移動がめんどうだから」と3か4の低評価をつけることが多い。しかし、実際に行ってみたあとの評価は8くらいになることがよくあります。

逆に、自分では飲み会が大好きなつもりでいた人が、この方法でチェックしてみると、「事前は8～10ととても楽しみにしているけれど、事後は6か7で、微妙に期待を下回る満足度にとどまっているんだな」などと気づくこともあるでしょう。

また、飲み会の予定なら、一次会、二次会、三次会……と分けて評価するようにしましょう。「一次会までは楽しいのに、二次会まで行ったあとは必ず後悔する」といったことに気づけるかもしれません。

さらに、一人で映画を見に行くなどの単独行動も同様に評価しましょう。一人の時間、一人の行動もふくめて、自分が本当に幸福になれる行動、活動を見極めていきましょう。

# 第3フェイズ（第5週～第6週）

## 「1日再構成法」でつき合う人を整理する

この段階では、前のフェイズではスケジュール（行動）の観点から行った「1日再構成法」による評価を、つき合う人に適用していきます。

スケジュールに事前評価、事後評価を書き込むのは同じですが、今度は「自分は誰とつき合うと本当に幸福になれるのか」「誰とつき合うべきでないのか」を見極めていくということです。

自分が本当に幸福になれる行動、避けるべき行動がわかっているにもかかわらず、「一緒にいて楽しい人に誘われると、つい満足度の低いことでもつき合ってしまう」という人は多いものです。

そこで、第2フェイズで行った「行動」の評価、選択に続いて、いよいよ「人」を整理していくことにします。

ここでも、第2フェイズと同様に、

「Bさんと飲み会 7→3」

「Cさんとミーティング 4→10」


といった方式で、評価していきましょう。

すると、

「この人と会うときはいつも楽しみだけど、終わったあとはよせばよかったと思うことが多い」

「この人の誘ってくれる集まりは楽しそうだけど、実際に人脈が増えたことはないな」

「こいつと遊びに行くのはたいして気乗りしないけれど、結局楽しんでいるんだよな」

といったことがわかってきます。

この評価にしたがって、期待より実際の満足度の低い人とは距離を置くという判断をすればいいわけです。

なお、つき合う人を整理するといっても、「つき合う／つき合わない」をゼロか100かで分ける必要はありません。

たとえば、「Dさんとの飲み会は、一次会までは最高。二次会以降は時間のムダ」という評価がつくこともあるでしょう。そうなったら、つき合いをやめるのではなく、「Dさんとの飲み会は一次会で帰る」という距離のとり方をすればいいわけです。

このようにして整理していくと、つき合うべき人の人数は絞られていきます。この2週間で、スマホの「よく使う項目」に入れるべき30人のリストをつくることを目指しましょう。

# 第4フェイズ（第7週～第8週）

## 新しい人間関係を実践してみる

最後の2週間では、第2フェイズ（スケジュール）と第3フェイズ（つき合う人）の2段階で整理した新たな人間関係、つまり30人のリストを使って、実際に生活してみましょう。

ここでのコツは、「チートデイ」を設けること。

本来、チートデイとは、ダイエット中に好きなものを食べてもいい日のことです。食事制限を続けると代謝が落ちて痩せにくくなるので、2週間に1回くらい自由に食べる日をつくり、カロリーの摂取量を上げてやることで、体を騙して代謝を維持するというテクニックです。

人間関係の「減量」も、あまりにも厳しいやり方を続けてしまうとストレスが強くなりすぎますし、思わぬリバウンドを招きかねません。

そこで、2週間に1回くらい（たとえば第二金曜日と第四金曜日）は、あまり望まないつき合いに時間を割いてもいいことにします。ときどきは顔を出さないと気まずい職場の飲み会とか、なんとなく切ってしまうのは惜しい気がする友人の誘いなどです。

こうした「チートデイ」を設けることで、無理なく新しい人間関係を試していきましょう。

それでもなお、人間関係を選ぶことに不安や迷いを感じることはあるかもしれません。**そんなときは、「捨てるかどうか迷うものは、いらないものだ」ということを思い出してください。本当に必要なもの、大事なものなら、そもそも捨てる可能性さえ思い浮かべないはずです。それは人間関係でも同じことなのです。**

この最後の2週間で、人間関係を選ぶことの楽しさを感じられるようになれば大成功です。

# おわりに

本書では、めんどうな人、やっかいな人に振り回されず、人間関係をみずから選ぶことによって充実した人生をつくっていく方法をお伝えしました。そこで自分にとって本当に大切な人を見きわめるために、スマホの「よく使う項目」を利用して、幸福をもたらす30人の人間関係リストをつくることをおすすめしています。

そういう私自身、実はリストに30人も入ってはいません。時期によって増減はありますが、「よく使う項目」に入れているのはだいたい20人前後です。

私はもともと幅広いつき合いをするタイプではありません。一人で本や論文を読んでいるのが何より好きな人間です。

そのうえ、本書で詳しく説明してきた人間関係を厳選する方法を実践してきたわけですから、人間関係のリストがシェイプアップされるのは当然と言えば当然でしょう。

この本を読んだあなたも、いらない人間関係をどんどん切れるようになるはずです。これまで、望まない人間関係、仕方のないつき合いに振り回されてきた人ほど、自分で選ぶことの快感は大きいはずです。

こうして、どんどん人間関係を選んでいくと、気がつくと電話帳の項目がずいぶん減っている。もしかしたら、私のように30人を割り込むかもしれません。

そうなったとき、「ここまでやってしまっていいのだろうか？」「友達がいなくなるのでは？」と不安にならないでください。本書のなかでも述べた通り、一つのドアが閉じれば、新しいドアが開くのですから。

あなたの人間関係リストが圧縮されたとき、新たな出会いのチャンスが生まれているのです。

どうか、恐れずに人間関係を選ぶ楽しさを味わってください。

メンタリスト　DaiGo

編集協力　川端隆人
ブックデザイン　Billy Blackmon（Flamingo Studio Inc.）
撮影　小川孝行
ヘアメイク　永瀬多壱（VANITÉS）
スタイリング　松野宗和

詩想社新書

## 詩想社新書発刊に際して

詩想社は平成二十六年二月、「共感」を経営理念に据え創業しました。なぜ人は生きるのかを考えるとき、その答えは千差万別ですが、私たちはその問いに対し、「たった一人の人間が、別の誰かと共感するためである」と考えています。

人は一人であるからこそ、実は一人ではない。そこに深い共感が生まれる――これは、作家・国木田独歩の作品に通底する主題であり、作者の信条でもあります。

私たちも、そのような根源的な部分から発せられる深い共感を求めて出版活動をしてまいります。独歩の短編作品題名から、小社社名を詩想社としたのもそのような思いからです。

くしくもこの時代に生まれ、ともに生きる人々の共感を形づくっていくことを目指して、詩想社新書をここに創刊します。

平成二十六年

詩想社

メンタリスト DaiGo

ジェネシスヘルスケア株式会社顧問。新潟リハビリテーション大学特任教授。慶応義塾大学理工学部物理情報工学科卒。人の心を作ることに興味を持ち、人工知能記憶材料系マテリアルサイエンスを研究。英国発祥のメンタリズムを日本のメディアに初めて紹介し、日本唯一のメンタリストとしてTV番組に出演。現在では、企業を対象にしたコンサルティングやセミナー、プロダクト開発を手がけ、作家、大学教授としても活動中。ビジネスや話術、恋愛、子育てまで幅広いジャンルで人間心理をテーマに執筆した著書は、累計200万部を超える。

オフィシャルサイト　http://daigo.jp/
ツイッター　https://twitter.com/mentalist_daigo
ニコニコチャンネル　http://ch.nicovideo.jp/mentalist

詩想社
— 新書 —
24

人間関係をリセットして
自由になる心理学

2018年9月20日　第1刷発行

著　　者　メンタリスト DaiGo
発 行 人　金田一一美
発 行 所　株式会社 詩想社
〒151-0073　東京都渋谷区笹塚1—57—5 松吉ビル302
TEL.03-3299-7820　FAX.03-3299-7825
E-mail info@shisosha.com

D　T　P　株式会社 キャップス
印刷・製本　中央精版印刷 株式会社

ISBN978-4-908170-16-4